U0511362

棠树文丛
—代表作—

陈阳 著

上海的『四张脸孔』
都市形象的现代性之维

创于1897

商务印书馆
The Commercial Press

总　序

　　学术研究是高校非常重要的一项功能,也是衡量一所大学综合实力、核心竞争力的主要指标。开展学术活动、产出学术成果、培养学术人才是高校完成人才培养、科学研究、社会服务等使命的主要手段。大学之所以成为大学,学术的兴盛正是主要的标志之一,只有学术水平提高了,才能更好地完成培养人才和服务社会的目标。

　　党的十八大以来,以习近平同志为核心的党中央高度重视哲学社会科学工作,从改革发展稳定、治党治国治军的高度,肯定了哲学社会科学的重要意义。习近平总书记在2016年5月17日召开的"哲学社会科学工作座谈会"上指出,要"加大科研投入,提高经费使用效率。要建立科学权威、公开透明的哲学社会科学成果评价体系,建立优秀成果推介制度,把优秀研究成果真正评出来、推广开",为新时期哲学社会科学的发展指明了方向。学术专著是广大教师平时研究成果的精心积累,出版则是优秀研究成果推广的重要手段。做好学术著作的组织出版能够提高教师科研活动的积极性,弘扬优秀学术,开拓创新,也能为学校的科研事业做出应有的贡献。

　　华东政法大学全面贯彻党的教育方针,落实立德树人根本任务,围绕上海教育中长期规划纲要的总体目标,按照建设"双一流"高水平多科性教学研究型特色大学的战略要求,遵循科研发展规律,加强管理,精益求精,在科研方面取得了不俗的成绩。近年来,学校的优秀学术成果持续增多,学术影响力有所提升,学校科研工作日攀新高。

　　法学是华东政法大学的主要学科,也是我校的知名品牌。推介法学研究成果是科研管理部门的服务项目和重要职责。这次推出的"棠树文丛"就是以华东政法大学法学领域的优秀成果为主,兼顾其他学科的优秀成果。"棠树"出自《诗经》。《诗经·甘棠》云:"蔽芾甘棠,勿翦勿伐。"这是说周初召伯巡行理政,在甘棠树下听讼决狱,断案公正无私,其事流芳后世,歌诗以载。法平如水,民心所向,古今无异,故以"棠树"为本丛书命名。这次组织出版"棠树文丛",可以促进华政的学术研究水平,提升法学等学科的影响力,为实现依法治国的宏伟目标和弘扬法律的公平正义添砖加瓦。

高层次优秀科研成果的出版是教师和科研管理部门共同追求的目标,也是我们贯彻落实《华东政法大学学术专著出版资助管理办法》的举措。我们希望通过这次学术专著推进活动,规范学校图书出版工作,进一步激发我校教师多出优秀成果的科研积极性,展现华政学术风采。

华东政法大学科研处

2022 年 4 月

目　录

再平衡"上海形象"

（代 序）

在出版了《"真相"的正·反·合:民初视觉文化研究》五年之后，陈阳的新著《上海的"四张脸孔"——都市形象的现代性之维》即将付梓,可喜可贺。

在以《真相画报》为个案深入研究了民国初期的视觉文化实践后，她的学术兴趣转向了对于上海形象的研究。

什么是上海形象?

长期以来,一说到上海形象,也许在许多人的印象里,占压倒性的上海印象是由所谓的"洋气"符号来代表的。无论是日人的"魔都"还是西人的"冒险家的乐园"这类的称号,以及附着于其上的上海想象,都与传媒经常使用的"十里洋场"这样的说法联系在一起。这个"十里洋场"的说法,其实基本上就是由帝国主义租界空间所定义的对上海的泛指。包括对于帝国主义的批判话语,在使用"十里洋场"这个说法时,其实往往就在不自觉中将上海等同于租界在思考与讨论。这样不假思索的思维定式,其实一直在左右着上海话语的生产并且成了一种上海形象认识无意识,这成为市民意识中的无意识。但我们许多人其实是习焉不察。

中国革命胜利后,本来或许应该在对上海的形象进行讨论与使用时,用一种更为主体的意识来思考"上海"话语的内涵,但情况并非如此。现在可以想起来的,在新上海话语的生产中,尤其是视觉表征的生产中,也还多是习惯性地沿用一些革命之前的现代性象征符号,如国际饭店、外滩景观等。我并不是说不能够使用这些符号意象,但如果只是这么几个视觉符号反复使用并以之表征上海形象的话,那么不可避免会窄化对上海的认识。

改革开放后,在上海话语的生产,尤其是视觉符号的征用中,继之而起的是外滩对面的浦东拔地而起的摩天楼群。这些楼群当然反映了上海今天的成就,但我们是不是想过,所谓的发展以及发展的表征,为什么就这样经常性地被像摩天楼这样的现代性符号所轻易占用? 因此,从某种意义上来说,上海形象总的来说是与"现代性"或者是发达这样的概念联系在一起并且被加以简单概括的。但我们不得不说,这种上海形象经常也是被窄化了的。这种窄化,延续至今仍然到处可见,比如武康路上的那幢大楼成为网红景点,也还是因为不少人不自觉地就把它与过去帝国主义租界时代的历史联系在一起。而有关方面在津津乐道于上海这样的"遗产"时,却也没有意识到对于上海形象的过于简化解读的局限。

还是这句话,什么事情被"概括"了,它就离被简化,甚至是简单化的宿命不远了,而且事实也往往确实如此。今天充塞于各种媒介,而且被媒介乐于推布的上海话语,往往都是局限于原法租界与英美共同租界的一些视觉符号。最近热映的电影《爱情神话》是一个最新的例子。其取景范围不出原法租界(这洋气连英租界都看不上了?),这就再次至少在客观上肯定并强化了上海叙事中的崇洋倾向。

但是,上海真的就只能被这样来概括吗? 当然不是。

陈阳的新书《上海的"四张脸孔"》,无论主观意图如何,在我看来,似乎就是要与上述几乎已成定式的上海话语摆脱关系,另外发掘一些上海的视觉表征,通过对它们的讨论,以此丰富上海的话语以及生产,加深对于上海与上海形象的认识。她书中的四个核心章节，分别从以上海—江（黄浦江）—河（苏州河）为代表的河流、上海本地历史景点豫园、上海全景图像的产制和日常生活的摄影图像生产这四个方面，来重新审视主要被摄影这个视觉手段所生产与表征的上海形象。当然，在合适的时候，她也努力运用其他媒介的上海表征来丰富、深化她的主要通过摄影来表征的有关上海形象的讨论。

河流，是城市生长发育的母亲。但是，在上海话语中，依托海洋优势的黄浦江占据了上海叙事的主流，因为以外滩为代表的发达与现代，无论经历什么样的时代变迁，是上海叙事书写者难以割舍的精华所在，当然成为上海的"立面"，而且也具有强烈的视觉性。而与上海的日常生活息息相关的苏州河，则因为其并不那么耀眼的外在面目而成为上海的背面与暗部，不入上海书写高手们的法眼。但陈阳试图通过对两条河流的视觉表征的讨论，给出并不简单的也是别开生面的有关上海的历史与空间形成的讨论。

同样地，处于上海老城区的豫园，因为与传统的关系而不是和"发达"与"摩登"的关系，在上海形象的书写中遭到冷遇。而陈阳从豫园的视觉性和地方性着手，展开对上海现代性中的"地方"的讨论。她能够着眼于此，其真意在于颠覆讨论、谈论上海时的思维惯性。这也许是她此书第二章的意图所在。

而从空中可以看到什么样的上海全景，这种全景在什么程度上形成了一种现代性的幻影，则是本书第三章关心的，也是其论述重心所在。从空中俯视上海，确实是了解上海的重要途径，而观看技术的发展，对于认识上海的面目带来了极大的便利性与新的可能性。第三章更多触及了新媒体的发展对于全景展示的促进与欲望生成的刺激。稍嫌不满的是，如果第三章能够将技术的发展反而加剧对人存在的忽视这一问题加以进一步探讨,则深度可能会不一样。

如果说我们可以将前面这三章的处理对象(河、园与地面)放在更大的时空视野里,以视觉要素来概括的话,那么其实这三个章节分别处理的是都市空间话语中的点、线与面:点是豫园,线则是一河一江,而面则是从高空俯视所得的地面景象。

如果说在将转化为点、线、面的都市空间的视觉表征与特点做了讨论之后,她再从垂直方向将处于高空的俯视视点下降到地面,微观细看主要由一些摄影师展开于地面上的摄影观视,以此避免只从景与物看上海的局限,从而来到了通过对摄影家在街头行走所见人事的讨论,来进一步展开有关上海的视觉表征方式的讨论,并且由此完成从高空宏观到地面微观的下降与转换。如果说上海的日常是某种程度的显微观看,那么与高空的宏观俯视恰成对比的,是她关注的都市现实中的人间烟火被如何表征。

摄影是现代性的表征手段,都市需要摄影的表征以确认自身,而摄影在生产都市镜像的同时本身也面临自身如何成为都市现代性要素的挑战。从这个意义上说,陈阳这部新著对于理解摄影与都市的关系也带来了许多启示。她的讨论不仅带出一些在讨论摄影与都市、摄影与上海的关系时不被意识到的摄影图像与这些图像的生产方式,也通过对这些都市影像的发掘与讨论,更新了我们心目中的上海形象,提供了认识上海的新视角,打开了认知上海的新空间。

近年来,言说上海形象成为一种"时髦",各种成果层出不穷。如何在这样的情况下就上海形象的言说再出新论,需要勇气,更需要求知的激情与反思。也许,陈阳的结合了现代性讨论的上海论是大胆的甚至是冒犯的,其中可能也有一些值得商榷之处,但其尝试是独辟蹊径的,也是别开生面的。她没有炒冷饭式地将上海的鲜亮的正面多予讨

论,而是将以往不被关注的上海的背面翻转开来,通过对这些更多着意
于都市背面的视觉实践的认真细致的审视,展开其独具眼光的上海论。
历史的,当下的,有关上海这个都市的表征实践,被她以学术研究这样
的凝视方式展现在我们面前。从某种意义上说,她的这本书,是对于几
乎已经失衡的、常常在不经意间就落入常套与俗套的上海形象话语的
一种再平衡。希望此书能够为上海研究带来新的刺激与启示。

顾铮

2022 年 3 月

绪　论

第一节　城市形象

什么是城市形象(the image of the city)？城市形象与城市诞生、城市文明密切相关。西方诸多学者包括韦伯(Max Weber)、涂尔干(Émile Durkheim)、齐美尔(Georg Simmel)都把西方文明的本质看成是城市文明,"古代西方文明就其本质而言基本上是城市文明。城邦是政治生活及文学艺术的中心"①。也正是在城市诞生的基础上,艺术、宗教、政党、国家得以发展衍进,因此城市形象与文化、艺术、政治有着天然的联系。18世纪在工业革命和现代化的推动下,西方城市文明获得进一步发展,现代化的一个重要标志就是城市化。雷蒙德·威廉斯(Raymond Williams)在《大都市概念与现代主义的出现》中指出,现代城市是陌生化的、孤独的、不可测知的、异化的城市,但同时充满了活力、变化、多样性和流动性②,他对现代城市特征的敏锐把握点明了理解城市文化与城市形象的要义,即城市形象也处于流动和变化之中。

---

① 〔德〕马克斯·韦伯:《民族国家与经济政策》,甘阳等译,生活·读书·新知三联书店,1997年,页5。

② 参见〔英〕雷蒙德·威廉斯:《现代主义的政治:反对新国教派》,阎嘉译,商务印书馆,2002年,页54—70。

　　如何理解城市形象？马克斯·韦伯在《城市》一书中分析了各历史时期的城市，主张从多维度理解城市，并用城市共同体（urban community）这一术语阐释现代城市与传统礼俗社会的区别。城市共同体是人的聚居点，同时又涵盖"防御工事、市场、自己的法庭以及至少部分自主的法律，某种形式的社群，以及市民得以参政的行政制度"①。可以说要充分理解城市就离不开对包括经济基础、上层建筑、物质实体构成以及居住于此的人的综合把握。这种综合性把握常常将城市视为一个有机体，而对城市形象的阐释则聚焦于有机体结构内的某些要素。高秀芹强调城市中物质实体的关联性，"都市中的一切，包括那些无机的人工制造物：钢筋水泥建筑群、街道、工厂车间、交通运输、通讯等等都被关联起来"②，以及城市基于经济基础形成的统合性，"现代都市是一个集权力中心、工业生产中心、商业贸易中心、文化中心和消费中心于一体的一种新型的社会形态"③。莉恩·H. 洛芙兰德（Lyn H. Lofland）则主张城市形象的社会性和文化性，城市形象在城市社会中发挥两种功能：其一，城市形象影响人们对城市生活的理解；其二，城市形象塑造着城市生活自身。④ 日本学者佐藤卓己将城市看成是一个可以阅读和交流的文本，"所谓城市论，就是'阅读'作为文本的城市空间。建筑物在向人们发出信息，繁华的街道、公园，或者说办公室与工厂是为了交流而创造出来的空间"⑤，城市文本包括城市的物理空间、信息空间、精神空间，既涵盖有

　　①　Max Weber, *The City*, Don Martindale and Gertrud Neuwirth (trans.), New York：The Free Press, 1958, p. 81.

　　②　高秀芹：《文学的中国城乡》，陕西人民教育出版社，2002 年，页 16—17。

　　③　高秀芹：《文学的中国城乡》，陕西人民教育出版社，2002 年，页 15。

　　④　转引自蔡禾主编：《城市社会学：理论与视野》，中山大学出版社，2003 年，页 111—112。

　　⑤　〔日〕佐藤卓己：《现代传媒史》，诸葛蔚东译，北京大学出版社，2004 年，页 24。

形的形象也囊括无形的形象。城市形象中最具变动性和灵活性的因素是居于城市中的人,"城市的魅力之处,就是人和城市的独一无二的经验遭遇"①,人的生活状态和精神面貌同样是城市形象的重要构成。人不仅是城市形象的内容,还可以成为城市形象的表达者、塑造者和改造者,人的能动性、实践性赋予城市形象以主观和客观互动互构的属性。城市形象在很大程度上离不开主观对客观的描摹、再现和反映,汪民安主张"将城市看作是一个人造机器——城市也确实是个人造物,它并非大自然的天赐"②。

理解城市形象的维度可从以下四方面展开:

其一,从政治经济学角度解析城市形象。列斐伏尔(Henri Lefebvre)和大卫·哈维(David Harvey)指出了城市的政治经济逻辑,揭示了城市中权力与利益的角逐,从他们的空间理论出发,城市形象可视为物理空间、资本空间、权力空间相互作用的统一体。米歇尔·福柯(Michel Foucault)进一步揭示出城市形象背后的权力之手,城市通过空间建构实现对人的管理和规训,权力毛细血管般地渗透使城市成为没有隐私的监视之城。③ 汪民安说:"从政治经济学视角来看城市,城市似乎排斥了个人经验,而展现出各自的独立总体面貌。"④

---

① 汪民安:"如何体验城市?——《城市文化研究读本·序言》",《国外理论动态》,2008年第1期。
② 汪民安:"如何体验城市?——《城市文化研究读本·序言》",《国外理论动态》,2008年第1期。
③ 参见〔法〕米歇尔·福柯:《规训与惩罚:监狱的诞生》,刘北成、杨远婴译,生活·读书·新知三联书店,2003年。
④ 汪民安:"如何体验城市?——《城市文化研究读本·序言》",《国外理论动态》,2008年第1期。

其二,从文化与传播的视角分析城市形象。居伊·德波(Guy Ernest Debord)认为,城市被过度的商品消费所占据,影像物品生产与消费的景观社会成为现代城市的典型特征。① 让·鲍德里亚(Jean Baudrillard)进一步指出,现代社会在媒介的作用下成为拟像的世界,人们通过拟像来认识和想象城市,从这个角度来说,城市又被看成是拟像城市。② 亦有不少学者在研究中依据文化类型来区分和描绘城市形象,马克斯·韦伯关注不同于西方的东方城市形象③,雷蒙德·威廉斯聚焦有别于乡村的城市形象④。

其三,从城市史尤其是城市兴衰史视角探究城市形象的变迁。从时间维度看,城市具有强烈的时代特征,不同历史时期的城市形象不同。从某种程度上说,差异化的城市形象是在纵向历史脉络或横向地理格局的比照中逐渐凸显为某种具有相对稳定性和能被人们认知和把握的特质。所以说,"19世纪的城市是在同中世纪的城市的对照中获得自己的容貌的;而今天的城市又是在同19世纪的城市的对照中自我认知的。不同的时代,会出现不同的城市类型"⑤,也正是在这个意义上才有现代城市形象、后现代城市形象⑥、工业时代城市形象、信息时

---

① 参见〔法〕居伊·德波:《景观社会》,王昭凤译,南京大学出版社,2006年。
② 参见〔法〕让·鲍德里亚:《消费社会》,刘成富、全志钢译,南京大学出版社,2014年。
③ 参见〔德〕马克斯·韦伯:《非正当性的支配:城市的类型学》,康乐、简惠美译,广西师范大学出版社,2005年。
④ 参见〔英〕雷蒙·威廉斯:《乡村与城市》,韩子满、刘戈、徐珊珊译,商务印书馆,2013年。
⑤ 汪民安:"如何体验城市?——《城市文化研究读本·序言》",《国外理论动态》,2008年第1期。
⑥ 参见〔美〕爱德华·索亚:"关于后都市的六种话语",载汪民安、陈永国、马海良编:《城市文化读本》,北京大学出版社,2008年,页31—41。

代城市形象①之间的对照和比较。

其四,从城市建设的实践层面来研究城市形象。这一实用主义路径形成了社会管理、市政建设、市场营销、建筑规划等多学科交叉的研究。有研究者主张中国城市形象研究的本土化,必须从城市形象的定位、规划、设计、营销转向城市形象的想象、建构、再现、传播②,由此城市形象的内涵由实体景观拓展到社会文化和精神心理层面。从文化层面来把握城市形象并依此制订城市形象传播的方案,越来越成为学界和业界的共识。

城市与现代性有千丝万缕的联系,工业化和现代化催生了城市,同时城市成为现代性演绎的舞台,并推动现代化的发展。"城市,通常被看作是现代性的一个载体,甚至,有时候它就是现代性本身。"③肇始于西方的现代化运动是一场深刻的社会变革,"这些变革终究波及与业已拥有现代化各种模式的国家有所接触的一切民族"④,近代中国也在西学东渐的过程中卷入这一浪潮。

上海是近代中国城市现代化起步较早且程度较高的城市,20 世纪二三十年代的上海在中西交汇、华洋杂处的境遇下形成了别具一格的都市文化,李欧梵将其概括为"上海摩登"⑤,并把 30 年代的上海比喻成一面哈哈镜,"这个异国情调的国际大都市本身就是一串不真实也

---

① 参见〔美〕曼纽尔·卡斯特尔:"城市的意识形态",载汪民安、陈永国、马海良编:《城市文化读本》,北京大学出版社,2008 年,页 278—287。

② 杨旭明:"城市形象研究:路径、理论及其动向",《西南民族大学学报(人文社会科学版)》,2013 年第 3 期。

③ 汪民安:"如何体验城市?——《城市文化研究读本·序言》",《国外理论动态》,2008 年第 1 期。

④ 〔美〕吉尔伯特·罗兹曼主编:《中国的现代化》,国家社会科学基金"比较现代化"课题组译,江苏人民出版社,2003 年,页 3。

⑤ 参见〔美〕李欧梵:《上海摩登——一种新都市文化在中国(1930—1945)》,毛尖译,北京大学出版社,2001 年。

毫无真实可言的镜像,它折射出来的也是一群西方的魑魅魍魉,华人反而成了陪衬角色,当然更不真实"①。致力于上海研究的熊月之认为,"上海是世界性与地方性并存,摩登性与传统性并存,先进性与落后性并存,贫富悬殊,是个极为混杂的城市"②。以近代电影为切口研究上海的张英进指出了"中国这座最现代的都市"在感觉维度带给人们的现代化体验,"上海在一百年的时间里,逐渐获得了一系列含义,其中包括流动、变迁、不稳定、转瞬即逝、幻想、光怪陆离、沉醉、幻灭"③。摩登上海在中西方学者的不断阐述中,仍然延续着历史沉淀、商贸发展、技术革新所赋予这座城市的不确定性、混杂性、变化性。

城市形象逐渐被都市文化研究、城市史、传播学纳入研究版图,之所以成为学术热点一方面是因为其与现实因素密切相关。城市化进程的持续推进,以及处于全球化浪潮中的城市发展,使城市形象有诸多亟待解决的议题。另一方面也与居于城市的人的主体性有关,现代化进程中城乡差异加剧了人们对都市文化特殊性的关注,此外城市成为中国面向西方、面向世界的窗口,现代都市尤其是上海成为形塑中国现代形象和对外传播的重要中介,如何利用不同媒介通过不同渠道建构并推广城市形象成为重要议题。

① 〔美〕李欧梵:《苍凉与世故》,人民文学出版社,2010 年,页 168。
② 熊月之:"乡村里的都市与都市里的乡村——论近代上海民众文化特点",《史林》,2006 年第 2 期。
③ 张英进:《空间、时间与性别构形:中国现代文学与电影中的城市》,江苏人民出版社,2007 年,页 96。

第二节　城市形象与摄影

一、"抵达"城市形象:城市与媒介

城市形象既具有客观性,又具有主观性。凯文·林奇(Kevin Lynch)强调城市形象是主观见之于客观的心理地图,他在《城市的印象》一书中指出城市形象是城市居民中大多数人拥有的共同的心理图像,主要由路径、边界、区域、节点、地标五要素构成。[①]

如何"抵达"城市形象? 乔伊斯·卡罗尔·奥茨(Joyce Carol Oates)曾在《想象性的城市》中发问:"如果城市是一个文本,我们如何阅读它?"[②]人们对城市形象的感知很大程度上来自经验世界,或直接经验或间接经验。关于早期城市形象的认知来自19世纪诞生的大都市中的敏锐的观察者和记述者,如波德莱尔、本雅明、齐美尔等,他们将自己直观感受到的城市形象用诗歌、摄影乃至哲学思辨等形式来予以表达。

随着大众传播媒介的发展与革新,人们对城市形象的认知在很大

① 〔美〕凯文·林奇:《城市的印象》,项秉仁译,中国建筑工业出版社,1990年,页6—7。

② Joyce Carol Oates, *Imaginary City: America, Literature and the Urban Experience*, New Jersey: Rutgers University Press, 1981, p. 11. 转引自卢桢:《新诗现代性透视》,百花文艺出版社,2016年,页17。

程度上取决于以媒体为中介的间接经验,并基于媒介来认识和想象城市形象。大众传播媒介不仅成为再现城市形象的重要载体,媒介本身也成为城市文化的重要组成部分。哈贝马斯(Jürgen Habermas)在《公共领域的结构转型》中探讨了现代报纸对公共领域形成的作用,报刊成为人们讨论公共事务的重要场域,也成为城市生活中的重要组成部分①,一个城市大众媒介所构建的公共领域样态也形塑本地的城市文化。本雅明(Walter Benjamin)着眼于摄影、电影等机械复制术对城市文化的影响,即城市漫游者用行动所记录的感性城市成为解读城市的重要方式。②

在经济发展和技术革新的推动下,城市化与媒介化越来越成为理解现代化的两个重要方面。有学者指出,城市想象的生成是城市与公众之间通过一定媒介进行相互沟通的过程,其中既有公众开展的信息接收、处理、行动及反馈环节,又有城市进行的信息编码、信息传递及行为调整等环节。③ 媒介形式层出不穷,报纸、杂志、广播、电影、电视、图片等都成为展示、再现和塑造城市形象的重要媒介。20世纪后随着媒体大众化、视觉化的发展,聚焦传播媒介来考察城市形象成为研究的重要方面。

国内学者从不同视角展开了多维度的城市形象研究。孙玮分析了上海某都市报专栏十年来对上海的报道,阐释了本土媒介如何通过空间生产来建构上海人的文化认同。④ 曾一果分析媒介中所呈现的上

---

① 参见〔德〕哈贝马斯:《公共领域的结构转型》,曹卫东等译,学林出版社,1999年。
② 参见〔德〕本雅明:《巴黎,19世纪的首都》,刘北成译,上海人民出版社,2006年。
③ 钱智:《城市形象设计》,安徽教育出版社,2002年,页44。
④ 孙玮:"发现上海——《申江服务导报》都市空间生产分析",载孙玮编:《中国传播学评论》第4辑《传播媒介与社会空间特辑》,复旦大学出版社,2009年,页47—62。

海、北京,把大众媒介看作把握城市和想象城市的重要载体。① 周诗岩探讨了视觉文本中的都市和都市想象,指出符号对制造想象的重要作用。② 何国平指出城市形象传播策略呈现出利益相关者策略、大众传媒策略、城市营销策略和文化策略四者交互作用的金字塔结构。③ 还有研究着眼于宏观,为城市形象研究的趋势把脉,指出中国城市形象研究应该借鉴文化地理学和文化生态学,"将城市视为文化实践的空间和可以解读的景观文本,关注城市社会空间中各种隐含的意识形态和权力关系"④。

城市形象研究中从未缺席并越来越受到重视的是摄影与城市研究。摄影以细致入微的方式聚焦城市形象,它可以是私人的,也可以是公共的;可以是技术的,也可以是艺术的。摄影诞生和发展的过程始终与现代城市纠缠在一起。

二、摄影之于城市的意义:摄影的现代性

摄影本身即现代性的表征。作为技术形式的摄影,诞生于工业革命如火如荼之时。得益于技术革新,并在技术的推动下,摄影术成为渗透到社会各阶层、各领域的视觉技术。作为机械复制技术的典型代表,它推动了近代图像的大量生产和消费,也推动了人们日常生活的图像

---

① 参见曾一果:《想象城市:改革开放 30 年来大众媒介"城市叙事"》,中国书籍出版社,2011 年。
② 周诗岩:"框错觉:影像传媒时代的空间多义性研究",《郑州大学学报(哲学社会科学版)》,2008 年第 3 期。
③ 何国平:"城市形象传播:框架与策略",《现代传播》,2010 年第 8 期。
④ 杨旭明:"城市形象研究:路径、理论及其动向",《西南民族大学学报(人文社会科学版)》,2013 年第 3 期。

化和人们生活方式的视觉化。就中国而言,摄影在 19 世纪末 20 世纪初被传教士引入中国,也由此开启了近代中国视像大众化的历史,从文化实践层面推动了近代中国的现代化。

摄影的现代性还表现在它作为图像复制技术的先天优势。从视觉性的角度来说,摄影区别于传统绘画的自主性就在于图像机械复制术所重塑的作者与观者的位置与距离,以及摄影机器与外部世界的关系。手持摄影机的人成为任何潜在的影像生产主体,并以自己的方式确立人与外部世界的关系。顾铮指出,摄影精确的复制性是它确立艺术样式自主性的重要特质,"现代摄影的确立只能开始于其能够'自我立法'也就是自觉之时",作为视觉样式的摄影"应该以一种正视现实的态度对现实生活聚焦并提出自己对生活的看法"。①

摄影之于城市,两者是"共生"关系。顾铮分析了西方 30 多位摄影家的都市摄影,指出"通过摄影,人们既发现了都市的本质,时代的无意识,同时也发现了摄影的本质",与此同时"摄影从都市的活力中获得了一种不间断的能量补充,获得了一种不断更新自身的可能性,因而也获得了一种真正的生命力"②。在城市现代化进程中,不论从现存的史料还是从人们的日常生活实践来看,摄影都是再现、表达、演绎城市形象的绝佳媒介,因为"摄影的观看方式与生俱来地就是片断性、偶然性的。摄影的这种观看特点决定了摄影义不容辞地负有映照现代都市的样貌、反映现代都市的变化、表达生活于都市中人的内心感受与探索现代都市的本质的义务"③,也正因为如此,摄影照片成为人们阅读

①　顾铮:"《盲妇》的意义——现代摄影的确立",《中国摄影》,1998 年第 2 期。
②　顾铮:《城市表情——19 世纪至 21 世纪的都市摄影》,万卷出版公司,2009 年,页 2。
③　顾铮:《城市表情——19 世纪至 21 世纪的都市摄影》,万卷出版公司,2009 年,页 1。

和理解城市形象的一扇"窗子",这些摄影照片来自从事影像实践的多元群体,既包括专业摄影家也包括业余摄影师,尤其是随着影像拍摄技术的便捷化和小型化,城市中的人对都市的记录构成了观看城市形象的多棱镜。在城市化进程加速发展的当代中国,摄影的表达力、表现力、创造力更为凸显,"摄影与作为一种社会现实与意识形态的城市化进程,其实就是处在这么一种相互依赖、相互需要、相互促进、相互竞争的复杂互动关系之中"①。

摄影是凝固时间的媒介,记录并储存历史的瞬间,对这些不同瞬间的对照不单单是时间的拼合和空间的组合,而是会形成感知社会变迁和城市形象的多方位心理地图。匈牙利摄影家拉斯洛·莫豪利-纳吉(László Moholy-Nagy)将照相机理解为现代图像工具,把摄影理解为展现和解读外部世界的重要视觉实践,他认为"摄影作为一种史无前例的机械性的东西……由极其优秀的结构、纹理以及要素所构成的整体影调,都是我们应该细心选择的对象"②。正因为摄影术与生俱来的机械性和细节性,它成为我们去感知城市细枝末节的重要方式,由此得以触碰城市形象的肌理。

摄影对城市形象的关注具有多样性。摄影往往蕴藏着丰富的私人信息,它可以是细致入微的、个性化的、非主流话语的。这些游离于宏大叙事之外的个性化表达,为把握城市形象的微观层面提供了可能。此外,摄影作为凝固的影像,不仅具有优于文字记录的具象性、形象性、光学无意识性,还具有区别于流动影像的"框式"图像叙事方式,这为理解并建构城市形象提供了丰富的视觉经验。

---

① 顾铮:"在现实与想象之间:中国城市化进程的视觉表述",《社会科学》,2004年第8期。
② 林路:"大师结构主义摄影谈(1)",《走向世界》,2014年第5期。

三、城市形象与摄影的相关研究

其一,梳理改革开放以来的都市摄影。有的研究依据时间线将中国的都市摄影分为三个阶段:20 世纪 80 年代的萌芽期以表达个人对都市的感受为特征;90 年代的发展期以再现城市化进程中的社会现实为特征;当代摄影以多种方式表现和反思城市化为特征。① 有的研究认为都市摄影为解读中国城市化进程提供了四重维度:人口生态层面、社会结构层面、生活结构层面、社会价值观和心理意识层面。② 有的研究从城市形象的性质出发将摄影中的都市形象分为内面和外面,外面指都市光鲜亮丽的一面,内面指都市的角落和人们习以为常或遗忘的部分,在很大程度上,都市内面是都市形象的揭发者。③

其二,从城市形象的变迁反思摄影功能的变化。顾铮认为城市化进程激发了摄影的潜能,"随着城市化进程的展开与加速,对于都市的关注与影像表达也终于获得了一种现实的可能性与动力"④。他进一步指出,"都市的这种复杂多变的现实,不仅要求摄影家对此作一种'见证'式的记录,同时也要求摄影家在'表现'这个维度上作出应有的回应"⑤。摄影对城市形象具有"见证"和"表现"的双重功能,如果说前者倾向于摄影的机械性和物质性,后者则倾向于摄影的主体性和意识形态性。有研究者将"见证"和"表现"的维度具象化为:见证、自我

① 顾铮:"面向城市:当代中国的都市摄影实践",《文艺研究》,2003 年第 4 期。
② 甘霖:"中国都市摄影的现代性解读",《艺海》,2009 年第 1 期。
③ 吴亮:"上海·内面的都市",《东方艺术》,2002 年第 1 期。
④ 顾铮:"面向城市:当代中国的都市摄影实践",《文艺研究》,2003 年第 4 期。
⑤ 顾铮:"面向城市:当代中国的都市摄影实践",《文艺研究》,2003 年第 4 期。

表达、颠覆与反省。① 有研究者在"表达"的维度上进一步指出摄影表达城市形象的超现实主义维度,"摄影有'超现实主义写作'的特点,它趋于发现……发现种种带有开启我们想象无意识的、解放潜意识里的某些疯狂的物件"②,也正是摄影的超现实主义维度,摄影的丰富实践提供并创造了理解城市形象的"意外"。

其三,分析城市形象与摄影的互动关系。一方面阐述摄影对城市形象的存档功能。有研究者把城市比作一个有机体,摄影可以借由"光学无意识"③的视觉特征记录都市空间中丰富而详细的信息,不仅为后世留存有关城市形象的历史档案,也为当下认知城市形象的前世今生提供素材。另一方面强调摄影作为媒介对人们视觉观看的引导功能,由此增进摄影的"自我意识","让虽然时时面对却又无暇观看城市的都市人认识到了摄影的力量与可能性,甚至也唤醒了通过摄影来达成社会革命的意识与通过摄影来展开自我表现的意识"④。摄影的能动性在媒介社会化的今天表现得更加明显,摄影对城市形象的"造相"(making)更自由和多样,"摄影从本来的自现实生活中摄取照片的'照相'(taking)演变为创造自己心目中的影像的'造相'(making)。这种从照相到造相的变化,在极大地开发摄影表现潜能的同时,也让艺术家获得了对于现实表态的更大自由"⑤。

其四,摄影呈现和表达城市形象的局限性。从本质上来说,摄影机

---

① 甘霖:"中国都市摄影的现代性解读",《艺海》,2009 年第 1 期。

② 孙善春:"当代中国摄影与城市变迁",《建筑与文化》,2011 年第 1 期。

③ Walter Benjamin, "A Short History of Photography", Alan Trachtenberg, Amy R. W. Meyers (eds.), *Classic Essays on Photography*, New Haven, Conn.: Leete's Island Books, 1980, pp. 202-203.

④ 顾铮:"面向城市:当代中国的都市摄影实践",《文艺研究》,2003 年第 4 期。

⑤ 顾铮:"在现实与想象之间:中国城市化进程的视觉表述",《社会科学》,2004 年第 8 期。

器作为人与外部世界关联的中介,在关联的起点上存在镜像关系,虽然摄影术的机械性为客观再现都市形象提供了极大的可能性,但外部世界的结构性、逻辑性、表演性很难通过照相机镜头全面揭示,"摄影不可能呈现一些内部的结构化的问题。它呈现的也是一些表象"①,但表象并非无意义的,也并非虚假的,它以各种各样的方式与深层结构和内部问题发生关联,摄影仍然可以从经验的、感官的、情感的、精神的等多重维度帮助人们洞悉城市形象。

以上关于城市形象与摄影的研究在宏观架构上为个案研究的开展奠定了坚实基础,尤其是城市维度的摄影史和摄影功能的阐述,为个案研究寻求开拓空间提供了指南。具体到上海形象与摄影研究,仍然有亟待开掘的层面。

其一,针对上海形象的系统研究亟待扩容。对上海形象的系统性把握在某种程度上与研究的理论框架和研究视角有关。如何将不同时间和空间维度的上海形象的摄影照片关联起来?在时间维度上,上海形象的变与不变如何通过摄影的维度去理解,那些纷繁复杂的摄影物象中是否能找到把握上海形象的雪泥鸿爪;在空间维度上,上海形象的空间化生产是否有密码可寻。这些问题都需要交叉视野的比较分析,这也正是本研究试图开掘的部分。

其二,新媒体语境下的摄影变化及与此关联的上海形象值得关注。随着媒介社会化的发展,摄影主体的多元化呈现出更多样更个性化的上海形象。传统摄影研究主要关注主流摄影师和知名艺术家的摄影作品,但摄影技术的下沉和摄影机器的普及,让更多来自民间的、个人的创作成为都市形象的丰富影像库。本研究试图对来自不同国家、不同

---

① 顾铮:"在现实与想象之间:中国城市化进程的视觉表述",《社会科学》,2004年第8期。

地区、不同阶层的民间摄影实践进行个案研究,解析多元主体镜像中的上海形象。

第三节　"现代性"四维:摄影与上海形象

　　本书以有关上海的摄影文本为中心,旁及其他类型的图像文本,着重考察摄影与上海形象的关系,探究文化表征与社会现实、文化实践与社会变迁之间的关联。在时间维度上,分析摄影中的上海形象经历了怎样的变迁;在空间维度上,阐释摄影中的城市空间如何被呈现,城市空间的再生产如何与上海形象发生关联。在城市化进程中,随着媒介技术的发展,作为视觉文本的摄影照片和作为视觉行为的摄影实践都发生了变化,两者的相互作用和关联都成为解读上海城市形象的重要方面。

　　本书一方面采用文本分析法,对摄影照片的表层信息进行细读,结合艺术史、叙事学、符号学的相关理论进行阐释,并通过图像的相关背景资料对图像背后的意义和机制进行分析解读。另一方面采用访谈法,对涉及个人视角的摄影实践进行个案研究和深度访谈,由此探究上海形象与摄影之间的偶然性、微观性、个体性、社会性,分析影像生产的动力机制和传播过程,呈现文化实践与城市形象的关联。

　　本书试图跳脱出传统的"现代性"阐述路径,在多重关系中去解读摄影、上海形象与现代性之间的关联,即通过"自然性-现代性""地方性-现代性""国际性-现代性""个体性-现代性"这四重关系建立起关于上海现代性的多维对话和讨论。本书既对摄影图像进行历史梳理、文本解读、话语分析,也对摄影作品的创作者即摄影师进行个案研究和人物访谈,以期从文本内外揭示文化实践与上海城市形象、现代性之间的关联。

第一部分,上海"年轮":河流与城市意义的生成。作为"自然物"的河流,先于城市而在,伴于城市而生。它与现代城市中的拱廊街、摩天大楼、电车等"现代器物"不同,河流具有穿越时间与空间、传统与现代的特质,使之成为理解城市文化和城市传播变迁的媒介。作为"界"的河流是维系城市正常运转的生命线,在地理空间上以概念化和实体化的方式连通城市。作为"景观"的河流成为现代城市中塑造城市形象、建构城市记忆的重要媒介。此外,河流的自然属性赋予了它"超越城市"的意义,以"风景"的形式生产出"民族—国家"话语。河流接续了传统与现代、历史与现实、真实与虚拟,成为记载城市生命的"年轮"。

第二部分,上海"意象":豫园的视觉性与地方性。在上海的城市形象和城市记忆中,豫园是一个别致而有意味的"意象",作为"人造物"的豫园,它从兴建到改建、改造的整个过程,既见证了上海城市的发展脉络和步调,也嵌入了上海城市文化的肌理,成为理解与解读上海记忆和上海形象的中介物。豫园是上海城市形象中最具"地方性"的视觉凸显;同时它作为交往的空间,承载了不同时代不同人群的城市经验和城市记忆;豫园对于上海来说,成了一个"意象"媒介,即在上海城市格局和规划中具有特定方位和指向性,并依托其历史性和空间性生成城市"向心力",促成上海地方性知识的形成。

第三部分,上海"全景":观念、技术与镜像。"上海全景"聚焦上海现代化进程中的全景摄影,分析上海全景摄影的类型、技术手段、视觉呈现和视觉观念。全景摄影在视觉表现力上最能彰显出城市的"现代性",而上海全景摄影的多样性也为解读上海形象提供了丰富的素材,多样性既表现为再现手段、呈现方式的多样,也表现为摄影实践主体的多元。本章对上海全景摄影的历史梳理和技术分析,展现出照片所呈现和聚焦的上海全景具有的单一性和复调性的特征,即上海全景在摄影实践中往往被简化为外滩全景,以黄浦江沿岸的摩天大楼表征上海现代性成为全景上海的一种视觉范式。不论是官方还是民间的摄影实践,上海全景凝缩为外滩全景的"汇集"效应制造出上海现代性的"幻影",即以单面相的现代性表征作为整体的上海形象。

第四部分,上海"琐碎":日常生活中的"个性"上海。对上海的摄影记录渗透于人们的日常生活中,本章对不同身份的摄影师的个案考察为突破作为整体的上海形象提供了"琐碎"的细节。本章选取并分析四组摄影师的摄影作品,他们分别代表不同类型的都市摄影实践,并由此展现出上海城市形象的"细部"。这些摄影师在身份、性别、创作手法、创作理念、创作情境上的差异都成就了上海形象的"琐碎",或展现了社区视角的上海,或再现了心理层面的上海,或表达了超现实的上海,或制造了梦幻的上海。这些上海"碎影"不是上海形象的全部,但从个人层面、日常生活层面构成了上海现代性的"杂质",并为重新审视现代性提供了"细枝末节"的视角。

第一章
上海"年轮":河流与城市意义的生成①

城市是安静的,在黄昏

暗淡的星辰从它们的昏厥里醒来,

在中午,回响着

富有野心的哲学家和商人的声音

后者从东方带来了天鹅绒。

热烈的交谈燃烧着,

而不是焚尸的柴堆。

古老的教堂,生苔的

祈祷的石头,是压舱物

也是火箭飞船。

它是一个公正之城,

在此外国人不受到惩罚,

一个长于记忆短于遗忘的城市,

具有容忍精神的诗人,宽恕了那些先知

因为他们,无望地缺少幽默。

① 本章部分内容曾以"河流之'界'/'介':城市的意义生成与变迁——以上海为考察对象"为题发表,详见张利民编:《城市史研究(第38辑)》,社会科学文献出版社,2018年,页223—248。

这城市建立于肖邦的序曲，

仅从中取得了欢乐和悲伤。

小小的群山环抱

如一道白色的衣领；洋槐

在那里生长，还有纤细的白杨，

这众树之国的大法官。

轻快的河流流过城市的心脏

日日夜夜低语着隐秘的问候

从泉水，从山峦，从太空。

——〔波兰〕扎加耶夫斯基①《我想生活的城市》②

"轻快的河流流过城市的心脏，日日夜夜低语着隐秘的问候，从泉水，从山峦，从太空"，倘若按照理查德·桑内特（Richard Sennett）对身体与城市关系的理解，城市的心脏抑或是教堂，抑或是市政厅，它们将四面八方的人聚集在一起，四通八达的交通亦在此汇集成点。③ 诗人扎加耶夫斯基所描绘的理想城市，以"轻快的河流"作为意味深长的尾声，"流过城市心脏"的河流，未必是身体城市的隐喻，而是指涉河流之于城市的意义：河流是城市的"血脉"，它伴随城市成长，与城市的历史长河并行，见证了城市的兴衰荣辱。

---

① 亚当·扎加耶夫斯基（Adam Zagajewski，1945—　），波兰"新浪潮派"（非官方文学运动）诗歌的代表人物。2004年获得由美国《今日世界文学》颁发的诺斯达特国际文学奖。扎加耶夫斯基早期的作品主要针对不合理的社会制度与秩序进行反抗，后期告别了作为抗议写作的诗歌，坚持在关注外界和审视内在之间寻求一种平衡，以"安宁"和"平静"来"反讽"和"对抗"周围的一切。

② 〔波兰〕亚当·扎加耶夫斯基：《无止境：扎加耶夫斯基诗选》，李以亮译，花城出版社，2015年，页341—342。

③ 〔美〕理查德·桑内特：《肉体与石头：西方文明中的身体与城市》，黄煜文译，上海译文出版社，2006年。

　　苏珊·桑塔格曾在《智慧工程》一文中评析扎加耶夫斯基,称其为"专业的城市爱好者",在他的诗篇中"存在着公共世界与艺术需求、团结与独处,以及人类之城和上帝之城这最初的'两个城市'的种种矛盾"①,但是"这里虽然有痛苦,但平静总能不断地降临。这里有鄙视,但博爱的钟声迟早总会敲响。这里也有绝望,但慰藉的到来同样势不可挡"②。在这首诗中,扎加耶夫斯基的理想之城"安静""公正""长于记忆短于遗忘",城市最终在河流的"问候"中归于平静。河流之于城市究竟意味着什么?

第一节　河流:连通城市的媒介

　　河流,先于城市而在,伴于城市而生。古往今来人类迁徙和城市选址都与河流密切相关,只有水源丰富之地才能维系人类生息繁衍和城市发展。古之国都多为水源充沛之地,如西安建都与渭河有关,洛阳南倚洛水,开封居黄河之滨,南京得秦淮河、长江之利,杭州背靠钱塘江,北京仰赖琉璃河(今大石河)、㶟水(今永定河)之补给。诚如帕克(Robert E. Park)所言,"城市是一个有机体,它是生态、经济和文化三种基本过程的综合产物,是文明人类的自然生息地"③。作为文明"自

---

　　①　〔美〕苏珊·桑塔格:"智慧工程",载苏珊·桑塔格:《重点所在》,陶洁、黄灿然译,上海译文出版社,2004 年,页 69。
　　②　〔美〕苏珊·桑塔格:"智慧工程",载苏珊·桑塔格:《重点所在》,陶洁、黄灿然译,上海译文出版社,2004 年,页 79。
　　③　〔美〕帕克、〔美〕麦肯齐:《城市社会学:芝加哥学派城市研究文集》,宋俊岭、吴建华、王登斌译,华夏出版社,1987 年,页 6。

然生息地"的城市离不开自然生息的河流,河流是连通城市、关联城市的媒介。

一、作为"界"的河流:城市生命线

基特勒(Friedrich A. Kittler)将城市看成是各种网络的"交汇点","城市……是由河流、水道和新闻渠道共构的网络。城市是'所有这些路径的交汇点'"①。每一种网络都以特定的方式界定和描述城市,其中河流所构成的网络形成了城市生命线,以河流为基础构筑了城市的饮水、运输、防御、灌溉体系,维系着城市的正常运转。

中国传统城市对水系的依赖集中体现为运河城市的兴起和发展。运河借人力挖渠引水、连通河流,形成南北互通的漕运体系,由此支撑都城的发展,"国家命运沿南北轴向摆动,运河成为都城变动的重要因素之一"②。运河带动了沿河城市的发展,隋唐时期的江南四个城市杭州、苏州、扬州、淮安,就是依托京杭大运河兴起的运河之城;两宋都城完成了中国都市发展的转变,北宋定都开封、南宋定都临安"标志着黄河时代的终结和运河时代的开始"③。

随着近代资本主义的发展和城市功能的转型,依水路之便和商贸之利发展起来的口岸城市逐渐取代了运河城市,成为近代中国对外通商、交流、传播的重要中介。广州和上海是近代城市发展中最耀眼的通

---

① 〔德〕弗里德里希·A.基特勒:"城市,一种媒介",载周宪、陶东风编:《文化研究(第13辑)》,社会科学文献出版社,2013年,页257。
② 王明德:《从黄河时代到运河时代:中国古都变迁研究》,巴蜀书社,2008年,页316。
③ 王明德:《从黄河时代到运河时代:中国古都变迁研究》,巴蜀书社,2008年,页316。

商口岸，自 1843 年上海开埠后，上海作为水上交通要道的地位凸显，南北海运航线的开通、通达内陆腹地的内河航线的开设，以及沪宁、沪杭甬铁路的贯通，都将上海置于交通枢纽的地位。

19 世纪末 20 世纪初的中国，陆路（马路、铁路）、水路（海运、河运）是连通四方的交通方式，其中内河水路构成了城市间通连的主要媒介，晚清小说就记载了这一丰富而具体的空间转换形式，这时的旅程行迹主要有两大区域：

> 一为东南，一为山东与京津地区。……东南几省内部，借着长江和两湖，由发达的内河水路连接，小说人物由家乡县府走到苏州、杭州、汉口、镇江、上海，并在这些城市间流动，这是最常见的行程。京津之间，有通衢大道连接，后更是有火车，进而塘沽可以被看成是北京的港口。两大区域之间由上海、天津之间的海路相连，两日半的轮船，是最迅速的交通方式。而山东主要是作为陆路枢纽连接东南与京津地区，是旅人走运河弃船换马后必入的一个地界。[①]

上海因兼具水路、陆路之优势成为四面八方的"交汇点"，据清末梅花庵主所撰《轮船长江路程》记载，上海已开通至镇江、芜湖、九江、汉口的内河航线，以及至山东、天津、福建、浙江宁波、广东汕头的海运航线。[②]

河流主宰着城市的交通，也构成了城市的"生命线"。河流连通城

---

① 唐宏峰："'双城之辩与'社会学的情景'——晚清小说的空间意义"，载周宪、陶东风编：《文化研究（第 14 辑）》，社会科学文献出版社，2013 年，页 185—186。
② 梅花庵主：《申江时下胜景图说》卷上《沪游记略》，上海江左书林（石印），1894 年，页 11—12。转引自《国立北京大学中国民俗学会民俗丛书（第 4 辑第 78 卷）》影印本，台北东方文化书局，1970 年。

市的基础地位可从早期传教士和来华商人的行迹及记录中窥见一斑，早期旅华西人的文字和图像中充满了河流与船的描述。如 1895 年《哈泼斯新月刊》的一篇游记这样写道："由于既没有马路，也没有任何轮式车辆，所有的旅行和交通只能靠水路。"①船行中国，既是西人游历中国的方式，也决定了他们的见闻。19 世纪末 20 世纪初，越来越多的西方人来到中国，他们主要是传教士、外交官、商人、记者、探险家、作家、旅游者，初到中国的他们惊讶于中国交通状况之糟糕，"即使在北京宽阔的街道上行走，也就像在小城区狭窄的巷子里行走一样，困难重重"②。受制于当时中国陆路交通设施与设备的落后，来华西人把乘船作为首选的交通方式，不少人认为"中国的天然运河及人工运河构成的水网使水运成了最普通、最便捷的交通途径。这在南方更加真切"③。水系发达的上海也得河流连通之优势，成为西人往来穿梭的集散地，曾在中国生活了二十年的英国人立德在 1901 年出版的《穿蓝色长袍的国度》(*The Land of the Blue Gown*)一书中写道："乘船访胜是上海生活的乐趣之一。……农村与城市间没有公路，能够深入农村的只有水路。这里河流密布，一种上面可以住人的小船可以在这些大大小小的河流中穿行。另外还可以乘帆船去吴淞口或黄浦江。"④

　　正如立德所言，中国传统城市和城乡之间都主要依靠船只互通有无，船也因此被功能细分化，不同功能的船具备不同的形制，仅平底木帆船"依船帮、船形、运能的不同，分'南湾子'、'丝网船'、'无锡快'、

---

　　① Julian Ralph, "House-Boating in China", *Harper's New Monthly Magazine*, Vol. 91, No. 541(June 1895), pp. 3-18.

　　② 〔美〕明恩溥:《中国乡村生活》，陈午晴、唐军译，中华书局，2006 年，页 19。(该书英文首版于 1899 年。)

　　③ 〔美〕马森:《西方的中华帝国观》，杨德山译，时事出版社，1999 年，页 215。

　　④ 〔英〕阿绮波德·立德:《穿蓝色长袍的国度》，刘云浩、王成东译，中华书局，2006年，页 35。

'江北快'等,还有一种舢板划子,俗称'艑艑船'"①。据不完全统计,苏州河客货航运木船就多达 26 种。② 这些造型各异、功能细分的船因其"异国情调"往往成为西人照相机镜头中的猎奇对象,不论是西方摄影师,来华工作的官员、职员,还是学者、旅人,都留下不少中国城市河流、水运和船只的照片。这些照片不仅再现了中国船只的丰富类型,还以船为中介记录了河流之于传统中国城市的功能。甘博(Sidney D. Gamble)③曾于 20 世纪初多次来华考察,他积累的 5000 多幅照片生动形象地书写了中国城市与河流的关系。《小货船》(*Cargo Tender*)、《摆渡船》(*Ferry Boat*)(图 1-1)、《渔船》(*Fishing Boat*)、《舢板与外白渡桥》(*Sampans & Bridge*)(图 1-2)、《浦口的船》(*Pukow Boats*)(图 1-3)、《江中的帆船》(*Sailing Junk*)是他于 1917—1919 年间往来上海、宁波、

图 1-1 《摆渡船》,甘博摄④

① 郑祖安:《上海历史上的苏州河》,上海社会科学院出版社,2006 年,页 9。

② 数据统计来源于"苏州河客货航运木船简介",见郑祖安:《上海历史上的苏州河》,上海社会科学院出版社,2006 年,页 13。

③ 甘博,美国社会经济学家,致力于中国城镇和乡村社会经济问题的调查研究。从 1908 年到 1932 年,他先后四次访华,积累了 5000 多幅黑白照片,保存了 20 世纪初中国的民族志信息。

④ 图 1-1 来源于杜克大学图书馆"甘博照片数据库",http://library. duke. edu/digitalcollections/gamble。

图1-2　《舢板与外白渡桥》,甘博摄①

图1-3　《浦口的船》,甘博摄②

---

① 图1-2来源同图1-1。
② 图1-3来源同图1-1。

南京、天津时拍摄的照片。形态各
异的船折射出河流在维系传统城
市交通、运输中的重要作用,同时
河流也是人之生计、流动、社交的
重要媒介。除物质流、能量流、人
流依赖河流进行转移、流动和交换
外,以河流为中介所聚集的人流也
得以开展信息流通与社交往来。
《乞讨者的船》(Begger Boats)(图
1-4)就形象再现了"河上社交"的
侧影,虽然乞讨者与游轮旅客所形
成的交流大抵只能通过肢体语言
来传达,但这幕场景吸引了甘博的
目光,传统中国城市与河流的依赖

图1-4 《乞讨者的船》,甘博摄①

关系以及中国人对河流的利用已超出了西人的想象。河流以"生存纽
带"的形式成为传统城市运行和社会关系建立的重要媒介,并演绎出
社会分工、社会阶层、社会结构、社会交往的丰富性。可以说,河流在交
通、运输、社交、传播等方面都维系着城市的正常发展,河流成为传统城
市物流、人流、信息流、能量流的汇集地。

一般来说,依赖发达水系、水运而兴起的近代城市在社会结构上也
生成了与水相关的特点:其一,从事水上运输的人较多,船民、渔民、运
夫、修船工等社会职业形成。其二,城市流动人口较多,社会行业分化
并带动相关行业发展;交通便利带来了大量的城市移民,因此促进了娱

---

① 图1-4来源同图1-1。

乐业、饮食业、烟赌娼行业的发展。其三,商贸往来频繁,思想较为开放。交通的发展带动了信息的传播,欧风美雨不断浸淫城市人的思想。其四,社会组织的群集和结构化发展。四方杂处之地,加强了人们之间的地缘联系和利益联系,同乡会馆、帮会组织发展迅速。近代上海的城市生态就体现出典型的水系城市的特征。有研究者进一步指出,近代中国城市实现了从"城"到"市"的转变,即从政治功能转向经济功能,从封闭性转向开放性,"随着现代市民社会的形成,这种'城'文化的情结必然会得到消解,而那种以反叛性、竞争性、杂陈性、实惠性、装饰性等等为基本特征的'市'文化必然会产生出来并得到发展"[1]。如果要为"城"与"市"找一个视觉象征物,城墙代表"城",河流代表"市"。这一转变也可从近代上海地图的"视觉争夺战"中觅得究竟。

二、作为"界"的河流:城市概念化

作为"界"的河流既是具象的,也是抽象的。它以城市所不可更改的地貌属性成为概念性城市必不可少的标记,这集中体现在城市地图中,包括舆地图、城区图、战况图等,在地图的绘制和再现中,河流又凸显出它对于城市的象征意义,河流成为定义和争夺城市意义的媒介,包括战略意义、政治意义、文化意义。

(一) 上海城厢图:从"环水而立"到"两河定位"

叶凯蒂(Catherine Vance Yeh)曾描述现藏于不列颠博物馆的一幅

---

[1]　蒋述卓、王斌、张康庄等:《城市的想象与呈现:城市文学的文化审视》,中国社会科学出版社,2003年,页173。

绘制于19世纪的上海水路图,该图描绘了被黄浦江和水道所环绕的传统上海县城,俨然太平盛世、鱼米之乡的景象。[1] 传统上海县城位于黄浦江以西、吴淞江(苏州河)以南,呈现出"环水而立"的自然风貌。这种再现中国城市的传统"圈形"地图在舆地图中极为普遍,因为传统中国城市以城墙为边界,以县衙、庙宇这样的政治文化建筑作为城市中心,而河流并非地图的必备要素,地图也并不通过河流来定位和彰显城市的特征与意义。

受西方地理学和制图技术的影响,近代上海城市地图对河流与城市关系的处理发生了变化,尤其是1875年由中国人许雨苍绘制的《上海县城厢租界全图》(图1-5)强调了河流对上海的重要性,河流成为地图的主体。叶凯蒂认为这幅地图采用了西洋制图的"指北法",并且"对黄浦江图的处理上,亦与华图传统决裂"[2]。该图对黄浦江的再现,表明中国人对上海的理解也开始向西人靠拢,即上海作为商贸中心的重要性日渐凸显。这幅地图东起黄浦江,西至跑马厅,北接苏州河,南到江南制造局,对城市结构、

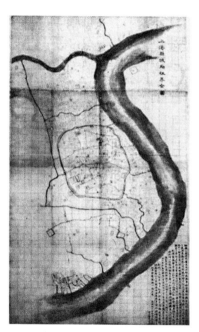

图1-5　《上海县城厢租界全图》(1875年),许雨苍绘[3]

① 参见叶凯蒂:"从十九世纪上海地图看对城市未来定义的争夺战",载刘东编:《中国学术(第3辑)》,商务印书馆,2000年,页88—121。
② 叶凯蒂:"从十九世纪上海地图看对城市未来定义的争夺战",载刘东编:《中国学术(第3辑)》,商务印书馆,2000年,页110。
③ 图1-5来源于叶凯蒂:"从十九世纪上海地图看对城市未来定义的争夺战",载刘东编:《中国学术(第3辑)》,商务印书馆,2000年,页109。

城市方位的处理成为后来诸多上海城厢租界图的基本范式。1884年美查出版了第一幅点石斋上海地图,该图即以1875年地图为准,"保留了上海县城在图中的中央位置,并按原图用比租界大的字体来表现上海道台府。地图立场明确:在这中西结合的空间,华人占主导位置"①。这幅地图流传甚广,商务印书馆也出版了该图的套色石印版《实测上海城厢租界图》(图1-6),以醒目的颜色标注地界:华界是黄色,英租界是绿色,法租界是红色,美租界是赭色,河流是灰色。河流已明确成为地图中重要的方位识别标志:美租界、英租界、法租界沿黄浦江而设

图1-6　《实测上海城厢租界图》②

① 叶凯蒂:"从十九世纪上海地图看对城市未来定义的争夺战",载刘东编:《中国学术(第3辑)》,商务印书馆,2000年,页115。
② 图1-6来源于上海图书馆编:《老上海地图(中英文本)》,上海画报出版社,2001年,页15。

立,其中吴淞江（苏州河）以北是美租界,以南是英租界。以黄浦江和苏州河来定义租界以及租界与上海城的关系已成为时人的共识,"在沪城东北周十余里。以河为界,法国自小东门外陆家石桥河北起,至北门外三茅阁桥河南止;英国自三茅阁桥河北起至二摆渡老闸河即苏州河西南止;美国自二摆渡河东北起至外虹口一带止"[1]。

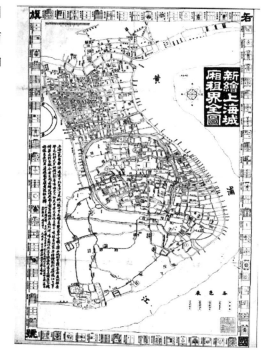

图1-7 《新绘上海城厢租界全图》(1898年)[2]

1898年《新绘上海城厢租界全图》(图1-7)同样照此体例和范式,其所附文字说明更加明确地阐释了上海与河流的关系:

> 上海一邑自华洋通商、中外交涉以来,诚为数十里之幅员,变为千百国之乐土。地则星罗棋布,屋则雄叠云屯,路则犬牙相错,江则廛市相连。凡初来申者,大有怅焉何之之叹,故书坊家早经绘

---

① 梅花庵主:《申江时下胜景图说》卷上《沪游记略》,上海江左书林(石印),1894年,页12。转引自《国立北京大学中国民俗学会民俗丛书(第4辑第78卷)》影印本,台北东方文化书局,1970年。

② 图1-7来源同图1-6,页17。

图行世。但沪江日事增华,途经易辙,今昔不同。兹特延请舆图专家再将城厢之内外、洋场之南北、水道之源委、路道之直横,逐一分条拆缕,爽若列眉,以便按图索骥者螺纹立辨。[①]

如果说地图的绘制是为了方便旅沪者按图索骥,地图的频繁绘制是为了跟进城市规划和布局,地图绘制不可缺少的元素是:陆路(街道、公路、铁路)、水道(河流、运河)、建筑,那么在城市地图中最稳定的元素就是河流。虽然在漫长的历史岁月中,河流也会改道、扩缩,但河流与城市的关系较之其他元素更为固定,从某种程度上来说,对地图的识别和定义,尤其是方位的定位,首先以城市中的河流为起点,以河流为视觉标识能轻易辨别出城市地图的视觉中心和视域。

用西方制图法绘制的上海城市地图,惯用"指北法",以黄浦江为右界,这已成为近代上海地图的范式。与早期上海县城地图的围墙圈层结构大相径庭,近代城市地图对黄浦江的结构性凸显成为"争夺"和再现上海意义的视觉体现,它反映出制图观念的西化和上海作为口岸城市的意义固化。黄浦江的地图形象意味着西人对上海的定位:将作为重要通商航线的黄浦江视为上海生存发展的命脉,地图中河流的定位成为表达城市观念的符号。

除了黄浦江,吴淞江(苏州河)也成为表达城市空间意义的标识。近代上海的城市结构与权力结构布局受西方势力的影响,而各势力之间的区划与并存被统合在以黄浦江和苏州河为地理坐标的多层次城市结构中。河流既从整体上定义和规划城市空间,也在局部以自然界限分割了城市空间,形成了不同行政归属的城市区划。最初苏州河以南是英租界,以北是美租界,上海工部局 1862 年在对英租界道路命名时,

---

① 　上海图书馆编:《老上海地图(中英文本)》,上海画报出版社,2001 年,页 17。

采取的方案是用中国省名和城市名，而没有采用殖民母国的道路命名，这无疑是为了方便界内华人的使用，"或许还有一个因素隐含在内，这就是此时英租界虽然尚未将苏州河以北的虹口地区并入，合为公共租界，但界内民族与文化的多元特征，使得工部局不便于直接移植英国地名。但无论怎样，这一新的城市道路命名体系一经确立，其文化上的优势便逐渐显现出来"①。虽然苏州河区划了英美租界，但一河之隔无法割裂彼此文化政策必须面对的"华界"共性，因此也成为城市规划必须突破的自然之界。市政规划须以互联互通的视角处理河流两岸的关系，苏州河上陆续建成的18座桥即是明证。②

（二）上海战况图：视线北移与河口聚焦

任何形式的地图既是再现，也是阐释；既有事实，也有观点。"一张地图可以被看成是一种叙述，有着清晰的故事结构、角色和宗旨。"③如果说上海城厢图传达出河流对定义城市功能的意义，那么上海战况图则表现出河流对于一城旦夕祸福的战略意义。

1932年1月28日，淞沪战争爆发，上海成为中日双方交战的战场。上海战况图以更加宏观的视角聚焦处于长江出海口的上海战区，1932年2月绘制的《暴日侵沪战区地图》（图1-8）和1932年《淞沪战区形势图》（图1-9）都将视觉中心聚焦在黄浦江与吴淞江的交汇处，而非

---

①　张晓虹："近代城市地图与开埠早期上海英租界区域城市空间研究"，载中国地理学会历史地理专业委员会、历史地理编辑委员会编：《历史地理（第28辑）》，上海人民出版社，2013年，页260。

②　苏州河的第一座桥是韦尔斯桥，建于1856年；到1949年时，恒丰路桥（汇通桥，1903年）以东3.65公里的河面上有钢筋混凝土及钢桁架桥11座，恒丰路以西至中山路桥9.35公里的河面上，却只有6座木桥和1座铁路桥。（参见郑祖安：《上海历史上的苏州河》，上海社会科学院出版社，2006年，页23）

③　叶凯蒂："从十九世纪上海地图看对城市未来定义的争夺战"，载刘东编：《中国学术（第3辑）》，商务印书馆，2000年，页90—91。

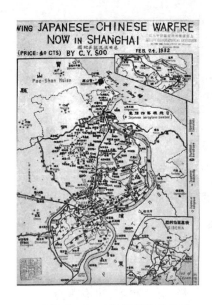

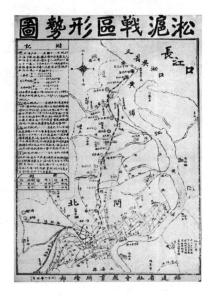

图1-8 《暴日侵沪战区地
图》(1932年2月24日),苏甲荣
编制,上海日新舆地学社印行①

图1-9 《淞沪战区形势图》
(1932年3月),绥远省社会教育
所编辑出版②

上海城厢图中的上海县城,并且两幅战况图都通过地理要塞、城市建筑
的密集性标注将整个视线北移至长江入海口吴淞口,由此形成对作为战
争要塞的两河交汇处的关注。在《淞沪战区形势图》中,长江与黄浦江的
交汇处明确标注"敌军登岸处",黄浦江与吴淞江的交汇处标明"日军登
岸处",在其他支流与黄浦江的交汇处均标明日军登岸处,并标示出位于
公共租界内的日本领事馆。在《暴日侵沪战区地图》中还标明了与日本
相关的区域、建筑,如"日本飞机落炸弹处"位于四川北路的日本海军司
令部,"日本轮船码头"位于黄浦江与吴淞江的交汇处。从两幅战况图所

① 图1-8来源同图1-6,页107。
② 图1-9来源同图1-6,页109。

明确标示的"日本信息"可见，地图叙述了日本入侵上海的事实、部署及潜在危险，尤其是对河口信息的标注，凸显出战时河流对城市的重要性，它既是交通要塞更是战略要塞，犹如关系到城市生死存亡的命脉。

战况图对于不同信息的处理有所考量：格外突出了城市的水路、陆路等交通要道，如河流、铁路、马路；简化了城市中的建筑和地标信息；增加了"炮台""要地"等战况信息。尤其值得注意的是，战况图将视线整体北移，将长江、黄浦江、吴淞江与上海城关联起来，凸显出河流及河流网络对城市的战略意义。

不论是城厢图还是战况图，不论是西人绘制还是华人绘制，地图都起着定义城市的作用，河流作为现代绘图学中的必备元素，在地图中的表现方式也传达出城市的不同意义，这种意义正如地图本身一样，是概念性的、浓缩性的、观念性的。此外，地图对现实物质空间的浓缩式再现又是形象性的，地图语言是可解码的，它能越过语言障碍为人们所理解，地图"起着跨越文化的界限，整合和分割文化，以及建构'场所'的功能"①，近代上海地图中河流元素的变化既象征着文化的整合，也表明城市空间的功能转变和意义变迁。

第二节　河流：想象城市的媒介

随着现代交通工具和通信设施的发展，作为"界"的河流在交通运输中的地位和功能逐渐弱化，取而代之的是作为工业化产物的交通工

---

① 〔澳〕德波拉·史蒂文森：《城市与城市文化》，李东航译，北京大学出版社，2015年，页145。

具和交通设施:沥青马路、自行车、汽车、铁路、地铁、轻轨……河流不再发挥其在传统城市生活和生存方式中的基础功能,而是成为一种景观,不断被填充着个人记忆、集体记忆和官方意识形态。

上海的主要水系黄浦江和苏州河均发源于太湖。苏州河古称吴淞江,黄浦江古称东江,吴淞江的历史早于黄浦江,是早期上海的主要河流,黄浦江系其支流。但上海水系在历史发展中不断变化,目前的水系成型于明代,明代疏浚黄浦江改变了两河的地位,"明代的黄浦江,下游淤塞,人们就把黄浦江与吴淞江相连,吴淞江成了黄浦江的支流了。苏州河(吴淞江)到外滩,就流入了黄浦江,所以吴淞江变成黄浦江的一条支流"①,原来作为吴淞江入海口的吴淞口,现在也变成黄浦江与长江的交汇处。明代水系的改造奠定了后来上海城市发展的基础,近代上海开埠后,黄浦江和苏州河在西人的"工业开发"中形成了不同的命运,造就了不同的城市历史和文化。

一、河流景观:个人记忆与城市温度

苏州河(吴淞江)通常被称为上海的母亲河,这与其历史地理有关,吴淞江东出太湖,经江苏苏州,从青浦入上海境,再经嘉定、闵行、普陀、长宁、静安(包括原闸北)、虹口、黄浦等区,于外白渡桥东流入黄浦江,"全长 125 公里,上海市境长 53.1 公里"②。苏州河贯穿上海主要城区,城市居民的日常生活与苏州河息息相关。这些生活在苏州河河

---

① 苏智良:"上海水乡与上海海洋文明",载上海市社会科学界联合会编:《江河归海:多维视野下的上海城市文明》,上海人民出版社,2016 年,页 34—35。
② 陈燮君:"苏州河、黄浦江与上海工业文明",载上海市社会科学界联合会编:《江河归海:多维视野下的上海城市文明》,上海人民出版社,2016 年,页 16—17。

畔的上海人也许并不一定知晓时局如何变化、历史如何发生,但日常生活的城市史就在他们与河流的关联中展开,河流既延续了城市的生命,也见证了城市的历史和变迁。

苏州河是上海早期工业文明起源的"活水",它所流经之处汇集了近代上海的工商业和文化事业机构,不仅有领事馆、戏院、教堂、医院、公园,还有银行、缫丝厂、煤气厂、面粉厂、造币厂等,并保留了诸多西洋风貌建筑群。20世纪前半叶,苏州河仍承担了上海内河航运的主要功能,南来北往的船只聚集于此,轮船公司、仓栈码头、新兴工业都在苏州河沿岸设址建厂,由此形成了苏州河工业带。但是工业的飞速发展大大超出了苏州河的运能、运力和自净能力,不断被"透支"的苏州河早在20世纪二三十年代就成了一条污染严重的"黑河""臭河",苏州河环境的恶化逐渐危及民生,苏州河治理成为市政建设的重要议题。20世纪80年代苏州河污染加剧,上海市政全面治理苏州河,支流截污、底泥疏浚、码头拆除、桥梁修整、工厂搬迁,苏州河至此彻底复苏生机,"从历史上以运输型、产业型为主的河道,转化为如今以生态型、生活型为主的河流"[1]。

虽然苏州河的功能早已转型,但耐人寻味的是,很多上海人对苏州河的记忆仍停留在它的"乱象"中:舟船拥挤往来如梭,厂房林立烟囱高耸,船民临水而居洗衣晾被,等等。画家孙灵以丝网版画形式创作了"苏州河"系列画作,其中《纪念》[2]所描绘的就是渐已消逝的苏州河景:河岸边破旧的小火轮,船上晾晒的衣物依稀可见,"我之所以把表现苏州河的重点都放在这些萧瑟的景物上,除了要抒发怀旧之情、体现怀旧

---

① 郑祖安:"绪言:苏州河的流逝岁月",载《上海历史上的苏州河》,上海社会科学院出版社,2006年,页2。

② 《纪念》,丝网版画,孙灵绘。见孙灵:"关于苏州河的多重隐喻——兼谈我的创作",载上海图书馆中国文化名人手稿馆编:《2012上海版画》,上海书画出版社,2012年,页153。

之美,也想唤起人们关注那些被现代社会边缘化的景、物及人,那些人性关怀未到之处"①。如果说《纪念》再现的是苏州河由兴转衰的日常,那么与《纪念》构图相似的《忘川》②则是钩沉"黑暗"的苏州河史,"黝黑的河水,陈旧泛黄的厂房,缭绕的白烟,都已定格为这座城市特有的记忆"③。对于很多上海人来说,黑臭的苏州河并非他们试图遗忘和斩断的过去,反倒成为他们描述和追忆的对象,"提起苏州河人们便会想到黑浊、腥臭、污染、可怕等字眼,它却令我想起欢快的童年和无忧的少年"④。娄烨的电影《苏州河》在开头也用三分多钟展现了"暗面"的苏州河——肮脏的河面、成堆的垃圾、破旧的驳船、废弃的建筑,苏州河景的无序一如导演所使用的镜头,零乱而破碎。"苏州河就是上海这个城市的掌纹,记忆被写在了斑驳的河堤上和沿途褪色的风景中"⑤,"暗面"的苏州河也许并不可人,但它却真实记录了"河流—城市"关系的层次性和丰富性,它以更加可感、可视甚至可嗅的形象记载了城市的日常生活,并储存了具有城市温度的个人记忆。

　　上海摄影家陆元敏花了两年时间用70卷胶卷,完成了"苏州河"系列摄影作品(图1-10)⑥,再现了20世纪90年代初苏州河转型前的河景:工厂与棚户区、运沙船与大货轮、桥梁与高楼、船民与市民,苏州

---

①　孙灵:"关于苏州河的多重隐喻——兼谈我的创作",载上海图书馆中国文化名人手稿馆编:《2012上海版画》,上海书画出版社,2012年,页154。

②　《忘川》丝网版画,孙灵绘。见孙灵:"关于苏州河的多重隐喻——兼谈我的创作",载上海图书馆中国文化名人手稿馆编:《2012上海版画》,上海书画出版社,2012年,页152。

③　孙灵:"关于苏州河的多重隐喻——兼谈我的创作",载上海图书馆中国文化名人手稿馆编:《2012上海版画》,上海书画出版社,2012年,页152。

④　李动:"流向清澈宁静的苏州河",载李动:《大上海　小弄堂》,文汇出版社,2003年,页210。

⑤　孙灵:"关于苏州河的多重隐喻——兼谈我的创作",载上海图书馆中国文化名人手稿馆编:《2012上海版画》,上海书画出版社,2012年,页152。

⑥　图1-10来源于陆元敏:《苏州河》,上海文化出版社,2012年,页50。

图 1－10　"苏州河"系列之一，陆元敏摄，1992 年

河沿岸的日常生活就在这样"无意识"的叠加与并置中展现出其自有的丰富性。王寅这样评论陆元敏的作品："只有从高处俯瞰，和白雪覆盖之下的河流才是统一的，它们统一在一种暂时和虚假的安宁之中。"①陆元敏镜头下的苏州河呈现出凝固的浑噩和停滞的美好，大部分画面都是杂乱无章的现实生态和浑浑噩噩的日常生活，但正是这些大量凝固的浑噩，产生了短暂的停滞的美好。陆元敏将镜头对准苏州河并非无意，而是在历史和现实巧合触碰的瞬间激发出他以"苏州河"为中介重寻记忆、留存记忆的冲动："我拍了一些苏州河的照片之后，很惊讶地发现，其中的一张和我童年记忆中的照片很相像，原先并不明确的方向一下子清楚了起来。"②"苏州河"系列摄影作品既是个人记忆也是城市记忆，既是现实也是历史，"这些不戏剧性的镜头，触碰到了

---

①　王寅："陆元敏：与河流同行"，载王寅：《刺破梦境》，古吴轩出版社，2005 年，页159—160。

②　王寅："陆元敏：与河流同行"，载王寅：《刺破梦境》，古吴轩出版社，2005 年，页 159。

时光流逝岁月无情的深意和人对历史沉甸甸的心情"①。

　　苏州河与上海的城市记忆,在作家、画家、摄影师、电影创作者的眼中都不约而同地停留在琐碎而斑驳、凌乱而繁杂的日常生活中。苏州河作为想象上海的媒介,是个人化的,它围绕日常生活而展开,并在日常生活中诠释城市与河流的关系、城市与人的关系。

二、河流景观:官方表述与城市表情

《上海史》中有一段西方人在上海开埠前后登陆外滩的场景描述:

> 　　我们面前是一幅本土景象,如同在邻近的江苏所能见到的一样,无需再描述。我们在一条纤路上登陆——这即是后来的外滩!星星点点的小村庄在四周分布,但眼前没有一点西方建筑的痕迹。南面是县城,城郊区一览无余,前面停着很多船。西边和北边都是开阔的乡村。东面是江,比现在的要宽,它成为浦东地区的前景,而浦东还是一片纯粹的农业区。②

　　这样的黄浦江沿岸在不到 50 年的时间里就发生了翻天覆地的变化,农田变成高楼,村庄变成街区,乡村变成城市。苏州河与黄浦江所构成的"丁字形"水系结构便于通航、通商,以苏州河为界的英美租界都背倚黄浦江,这正是英美选址建立租界的地理经济学上的考量。英

　　① 赵川:"一张脸,一条河",《读书》,2007 年第 1 期。
　　② 唐振常编:《上海史》,上海人民出版社,1989 年,页 427。转引自张晓虹:"近代城市地图与开埠早期上海英租界区域城市空间研究",载中国地理学会历史地理专业委员会、历史地理编辑委员会编:《历史地理(第 28 辑)》,上海人民出版社,2013 年,页 258。

租界是上海第一块租界,它东临黄浦江,西到河南路,北抵苏州河,南至洋泾浜(即延安东路),同时英租界也是上海城市现代化的起点,其中外滩是核心区域,"上海城市的起点在外滩,租界第一块区域,也就是以外滩为起点"①,无论后来上海城区向东还是向北发展扩张,外滩都成为上海城市化的起点和标本。

受制于苏州河自身水流、水量、水域的有限性,19世纪末上海工业中心逐渐从苏州河转移到黄浦江,以水电煤为中心的企业陆续在黄浦江边设址建厂,黄浦江的商贸往来逐渐频繁,同时也加速了外滩沿岸作为交易中心的金融机构的建立,"东方华尔街"和"万国建筑群"由此成为上海最具现代性的标志。

(一) 览胜首选:"现代性"景观

1894年,梅花庵主在其所著《申江时下胜景图说》卷上《沪游记略》中敬告来沪的游者,除了茶馆、烟馆、妓院、戏园、书场之外,最不可遗漏的去处还包括最早出现在上海的西方物质文明:"沪者当观于制造局之机器而知功用之巧拙,观于招商局之轮船而知商贾之盈亏,此外石印书局、电报局、电气灯、自来火、自来水各公司皆当一一身历目观,以穷其理而致其知,复退而与格致书院。诸君请求而考论之,以求其益精而匡其不逮,夫如是则可谓不负斯游矣。"②这些景点大多分布在以外滩为中心的区域,"许多西方物质文明,登陆中国都是在外滩,比如说电报、电话、电灯、电车、煤气、自来水等,都是在外滩地区首先使用

---

① 邢建榕:"苏州河、黄浦江与上海城市传奇",载上海市社会科学界联合会编:《江河归海:多维视野下的上海城市文明》,上海人民出版社,2016年,页92。

② 梅花庵主:《申江时下胜景图说》卷上《沪游记略》,上海江左书林(石印),1894年,页4。转引自《国立北京大学中国民俗学会民俗丛书(第4辑第78卷)》影印本,台北东方文化书局,1970年。

的。码头、轮渡、道路,也都是在外滩首先使用"①。

从梅花庵主的游沪导览可知,早在 19 世纪末,"现代性"景观就已经成为上海览胜的优选。外滩不仅是当时英租界的核心,也成为上海最具城市代表性和指示性的地标,并被不断描绘和再现。19 世纪中后期流行于西方的广州外销画就有不少再现外滩风光的画作,周呱《黄浦江外滩风光》(图 1 - 11)以万国建筑群作为背景,以黄浦江作为前景,描绘了江上万国趸船的盛况,大大小小形制各异的船只成为再现的主体,画面正中处于视觉中心位置的是一艘巨型的英国商船(从桅杆上竖立的国旗可知)。与之类似,美国人杜德维②(Edward Bangs Drew)也于 19 世纪末记录了相似的外滩风光,如《外滩建筑,黄浦江对岸的风景》(Houses along Bund , Seen from Opposite Side of River)(图 1 - 12)。两

图 1 - 11　《黄浦江外滩风光》,水彩,周呱绘

---

① 邢建榕:"苏州河、黄浦江与上海城市传奇",载上海市社会科学界联合会编:《江河归海:多维视野下的上海城市文明》,上海人民出版社,2016 年,页 92。
② 杜德维(1843—1924),美国人,1865 年来到中国,担任晚清中国海关福州和宁波的税务司。《杜德维的相册》拍摄于 1876—1895 年,共有照片 270 幅,收录了杜德维任职期间在北京、福建、江苏、浙江、上海、广东、澳门等地拍摄的风景人物及家人朋友的照片。

图 1-12　《外滩建筑,黄浦江对岸的风景》,杜德维摄

幅图像在取景构图上的相似性实际表明外滩景观自诞生起就具有美学之外的溢出意义:外滩既是上海的代表和视觉表征物,同时也是"改造落后、证明先进"的明证。作为"景观"的黄浦江,在不同的表述中逐渐被定型化,它以"工业化""现代化"的姿态展现出来,顺理成章并"毫无负担"地实现了从村野到城区的华丽转型,这也是它有别于苏州河景观的特别之处,虽然早期的苏州河景观也以密集的工厂、如织的商船为显像,但苏州河因与城市人的密切关联最终仍以"日常生活"的上海形象固化下来,苏州河不断被再现、复述的是编织进上海人日常生活的亲密性和亲近性,从而具有了城市的温度;而黄浦江因在地理文化上与早期上海城市居民生活的疏离,使其"现代性"更集中更"纯粹",也正是这种"纯粹性"使其更容易被附加意义或改写,并生成新的意义。

（二）都市景观：景观性都市

20世纪90年代初，随着浦东开发和上海经济的转型与重新定位，黄浦江本身的航运通商功能被剥离和转移，黄浦江东、外滩对岸，以陆家嘴为中心的国际金融中心逐渐被定义和塑造成新时期黄浦江新景观和上海现代性的新地标。

《水系城市》①是一幅典型的再现上海城市风貌的油画，这幅画用来表征"上海性"的元素是黄浦江东岸的东方明珠和摩天大楼，作为视觉焦点的浦东现代建筑群成为识别地理方位的标志。绝大多数以东方明珠、金茂大厦作为中心的视像，都惊人地相似并"无意识"地略去了曾经作为上海标志的万国建筑群，即便《水系城市》这幅画试图弥合两者之间的矛盾，但万国建筑仍然被淹没在混杂的居民建筑中。作为景观的黄浦江景，从"江面之帆"到"江左之楼"的转变揭示出城市的发展变迁以及城市与河流关系的变化。

2001年元旦，《解放日报》策划了100版的"世纪之版"，"以母亲河黄浦江为切入口，紧紧围绕上海变化、上海的特点，反映上海百年沧桑，尤其是改革开放以来特别是近十年的巨大变化"②。以陆家嘴金融中心为新地标的都市景观已经成为上海现代性的标志，这一景观的地位也变得越来越不容挑战。2003年，原计划建在北外滩、黄浦江边的"上海之星"摩天轮计划悄然流产，最终落成的摩天轮计划建在苏州河边，2015年12月19日大悦城首度开启屋顶悬臂式摩天轮，这也是目前上海市区内唯一一座摩天轮。有媒体这样描述："虽然只是建在苏州河

---

① 《水系城市》，布上油画，陈燮君绘。见上海市社会科学界联合会编：《江河归海：多维视野下的上海城市文明》，上海人民出版社，2016年，页6。

② 王仁礼："史诗讴歌改革巨变　图文激荡心潮澎湃：解放日报《世纪之版》策划早创意新收效好"，《新闻大学》，2001年第1期。

边,没有像一些摩天轮迷盼望的那样建在黄浦江边,但毕竟是在人民广场往北只有一站地铁的繁华路段。"①公开资料显示,黄浦江摩天轮计划流产的原因不详。如果从视觉性的角度来考察,流产计划中原定高200米、直径约170米的摩天轮②比目前直径50米的摩天轮更具观瞻性和视觉冲击力,如若建成并形成与东方明珠隔江相望的态势,这是否会挑战陆家嘴金融中心的视觉地位呢?

　　黄浦江景作为上海的都市景观,在不同时期被塑造出不同的新形象,都市景观的重塑对都市性有何影响呢? 现代意义的"景观"是介于物质和形象之间的概念,"一方面,景观是物质的、自然的,或人造的空间结构;另一方面,景观也是一个形象或者象征符号,两者相互依存,相互影响"③。城市的河流景观,既包括河流本身,也包括河流所形成的空间形态与结构。外滩景观包括黄浦江风景及两岸建筑所构成的空间,其中黄浦江两岸的建筑群及其所形成的空间结构最大程度彰显了上海的"现代性",在黄浦江西岸的"外国建筑群"是殖民历史的沉淀物,但也是上海早期现代化的表征;在黄浦江东岸的金融建筑群则是新时期上海现代化与国际化的代表,陆家嘴景观是新时期官方话语试图塑造的都市性景观。历史与现实在黄浦江两岸交相辉映,外滩的夜景工程更鲜明地表达了都市性新景观的官方话语:在霓虹灯的装点、布置和改造中,浦东的摩天大楼和灯火通明的建筑立面以更明确、更强势的姿态"压倒"了对岸的"万国建筑群";尤其是一些标志性建筑(如东方明珠、金茂大厦、上海中心大厦)设置的高空观景台旅游项目,让摩天

---

　　①　吴洁瑾:"上海闹市区终于有了摩天轮能否成'爱情地标'有待考验",《东方早报》,2015年3月27日,http://money.163.com/15/0327/10/ALN45IH800253B0H.html。
　　②　邵珍、陈羽:"北外滩6台大戏紧锣密鼓",《文汇报》,2003年7月4日。
　　③　〔德〕德特勒夫·伊普森:"都市景观与景观都市性",罗文文译,《珠江经济》,2007年第5期。

览胜成为上海都市观光的"必选",立足于浦东,站在"现代"的高空观景台上,对岸是历史,是过去,是观看的对象,黄浦江夜景呈现出模糊历史与现实的魅惑性,生产出更明确的以浦东金融中心为都市景观的官方话语。

外滩不仅是最具上海性的"都市景观",也是"景观都市性"的结果和体现。"景观都市性"从景观可塑性与景观规划的角度阐释了景观之于城市的意义,"'景观都市性'被定义为规划和设计建筑物与道路之间的空间,以及有意识地设计休闲地带和过渡空间"①。相较于浦西万国建筑的"静默"与"不动声色",浦东的金融建筑群则以惊人的速度不断刷新上海楼层的新高度,上海中心大厦以 632 米的高度巍然仡立于浦东,也成为市政工程引以为傲的新"景观"。浦东以大大小小、不断攀高的摩天大楼表征其对现代性的不懈追求,建筑的速度与高度成为最明朗和瞩目的话语。

从某种程度上说,黄浦江景观带凝聚了时空交错的双重现代性:一方面是近代上海开埠后被迫纳入世界体系形成的由西人所推进的都市现代性;另一方面是现代上海急欲加入世界话语体系,主动追赶西方的都市现代性。黄浦江景观带既留存了上海历史,也刻印了现世"作为",它的双重性不仅反映在景观的视觉性上,也体现在游览者观景的心态上,黄浦江以景观的形式浓缩和创造了"上海都市性",并以"过渡空间"的形式既分割又弥合了历史与现实、工作与休闲、变与不变、快速与缓慢。黄浦江在被各方意识形态灌注和实践的过程中,成为浓缩上海性的意义空间。

---

① 〔德〕德特勒夫·伊普森:"都市景观与景观都市性",罗文文译,《珠江经济》,2007年第 5 期。

三、"辩证景观":都市摄影与城市肌理

河流作为城市景观,作为想象城市的媒介,在连通空间、串联时间的进程中呈现出传统与现代的双面性。相较于街道、剧院、火车、地铁等现代空间和现代交通工具来说,河流更显传统,它好似耄耋老者静静注视、见证、记载城市的变迁;但岁月流逝、城市变迁的时代性又留驻在沿河风景的变化中,反映在河流自身的改造中,处于具体历史时期的河流又好似任人打扮的小姑娘,随着城市变迁而改变"容貌"。

对于上海来说,城市中的两条河流在历史的"打磨"中各自承担着相应的角色:苏州河是传统的,黄浦江是现代的;苏州河是本地人的,黄浦江是外地人的;苏州河是日常生活的,黄浦江是示范性的。这种分明又模糊的角色既指涉河流与城市的历史,又脱离河流与城市的历史,也就是说城市之河的角色、地位、形象的形成既有客观性也有主观建构性。苏州河也曾是现代的,它是上海早期工业的聚集地,它分隔着英美租界,云集着西方物质文明;黄浦江也曾是传统的,它曾是荒芜的苇草之地、无人问津的长江之滨。现实的景观与想象的景观在互动中、在相互改造中最终形成了当代的城市意象。

用艾伦·贝克(Alan Baker)的话来说这就是"辩证景观"。"'实在的'景观是建构,而'理想的'景观则是观念化的产物,"艾伦·贝克进一步指出,"'实在'景观由意识形态塑造而成,意识形态又反过来被

'实在'景观塑造:二者的关系是相辅相成的,其结果乃是自然与文化、实践与哲学、理性与想象、'真实'与'象征'之间整合而成的辩证景观(dialectical landscape)。"①

河流既保留了自然伟力、城市变迁对它的改造,也承载着人们对它的想象、再现和表达。"实在的"河流与"理想的"河流既包括个人化的书写,也包括官方的塑造,并且两种叙事、两种话语可以叠加在一起,构成更具辩证性的"辩证景观"。"城市是以一系列相互矛盾却又相互补充的方式被加以理解和体验的。其中最为根本的是,由活生生的个人体验构成的'真实的'城市与由再现和幻想构成的'想象中的'城市是相互影响的。"②河流串联起都市的"明面"(bright side)与"暗面"(dark side),并以"自然"的方式聚合和拼贴现代的摩登都市与传统的日常生活都市,从而再现并促成多面而丰富的都市叙事。

有学者曾批判中国文学的现代性叙事缺乏都市的主体视角,即作为主导文化的农耕文化"洗劫"了"都市文化","来自农耕文化的都市书写,与其说是实际情况的再现,不如说是农耕文化针对都市文化的拒斥性指认的产物,是一种想象地理学,它把都市看作是异文化"③,这一针对都市文学的批判在以"河流—城市"为主题的都市摄影中未必行得通,恰恰相反的是,河流赋予了都市摄影呈现都市多面性的可能,展现出具有多重意义空间的"辩证景观"。

---

① 〔英〕艾伦·贝克编:《历史视野中的景观与意识形态的关系》(*Ideology and Landscape in Historical Perspective*),剑桥大学出版社,1992 年,页 7。转引自孙绍谊:《想象的城市:文学、电影和视觉上海(1927—1937)》,复旦大学出版社,2009 年,页 17。

② 〔澳〕德波拉·史蒂文森:《城市与城市文化》,李东航译,北京大学出版社,2015年,页 142—143。

③ 葛红兵:"都市:中国文明的他者——中国文学中的都市书写问题",2009 年 9 月 7日,http://gehb.blogchina.com/801455.html。

陆元敏"上海人"系列
作品就部分再现了河流、
城市与人的复杂关系，鲜
明生动地表达了都市上海
的混杂性。如身穿睡衣的
上海男人在外白渡桥上眺
望浦东的照片（图 1－13），
东方明珠这一象征上海现
代性的标志性建筑与象征
日常生活的睡衣并置在一
起，丰富了黄浦江的意义。
同样是黄浦江边，东方明

图 1－13　"上海人"系列之一，陆元敏摄，1998 年①

珠对岸，携带编织袋的老汉正抛出渔网捕鱼（图 1－14），画面顿生时空
混乱之效。"捕鱼"与"睡衣"一动一静，虽无惊骇之音，却与现代外滩
景观产生龃龉之感。画面既是对现实的巧妙捕捉也是寓意深远的反思
再现，将都市上海的多重性与多义性表达得淋漓尽致，这种格格不入的
多义性正是时间的沉淀，正是传统与现代的对接，陆元敏镜头下的上海
一如他之于摄影的态度，"一种庄严、持久、执着的'无所事事'，一种与
时间的深情联系"②。从某种程度上说，陆元敏摄影照片中苏州河与黄
浦江都是充满"质感"和"知识性"的场所③，它所记录的是城市中穿行
的人与河流的关系，记录的是河流边不断"上演"的都市日常生活，从

---

① 图 1－13 见陆元敏：《上海人》，上海锦绣文章出版社，2007 年，页 9。
② 陆元敏：《上海人》，上海锦绣文章出版社，2007 年，页 24。
③ 王正华曾对比研究《南都繁会图》《皇都积胜图》《清明上河图》，指出《清明上河图》的特点在于强调"场所、质感与知识性"。（参见王正华："过眼繁华——晚明城市图、城市观和文化消费的研究"，载李孝悌编：《中国的城市生活》，北京大学出版社，2013 年）

图1-14 "上海人"系列之一,陆元敏摄,2007年①

而留存了"河流—城市"的变迁史。

都市摄影生动再现了都市形象,并以"融合"的方式将城市与乡村、现代与传统编进都市叙事,产生历史感和思想性。都市摄影有别于都市文学的"辩证"效果或许与再现手段有关。现代性与生俱来就有强烈的视觉观看性,不论是现代器物、建筑物都在速度、高度、造型上不断挑战人们的视觉神经,使之更适宜用视觉手段加以呈现,并且现代性视觉机器也赋予了人们以个性化的视角捕捉、再现、想象都市的便利。"上海一直是刺激看、观、窥欲望的视觉奇观"②,视觉观感更容易引发精神刺激,正如齐美尔在《大都市与精神生活》中谈到的都市景观引发"精神生活的紧张","每当在大城市的大街上走过,就可以看到经济生

---

① 图1-14来源同图1-13,页109。

② 孙绍谊:《想象的城市:文学、电影和视觉上海(1927—1937)》,复旦大学出版社,2009年,页15。

活、职业生活和社会生活的节奏非常之快,非常丰富多彩"①,都市景观带来了由视觉上升至精神的主观感受,进而丰富了对都市的认知与想象。

此外,作为媒介的河流以跨越空间的地理性促成了边走边看的"都市实践",摄影师对河流的视觉再现是沿河而行的"都市实践",是带有猎奇性、未知性和捕获性的个人经验与个性化叙事。个人与城市的关系借由河流予以再现,河流提供给人们表达现代经验的多重可能性。河流既是场所,居住之所、工作之所;河流也是空间,交流的空间、凝结历史和个体记忆的空间;河流还是想象城市的媒介,沿河而行的都市实践(行走、通勤、拍摄)赋予了城市丰厚的肌理,"城市实践者的故事始于地面,始于芸芸众生的脚步"②。正是这些城市漫游者、实践者的空间位移、入画入景、捕景抓拍等多样性的都市实践,颠覆了都市主流话语体系原本建构的单向度的意识形态支配方式。城市的多义性有时未必由建筑和空间话语所独自完成,而是依赖城市实践者共同完成,这些人身上所携带的阶层、地位、身份的社会性和他们不可复制的个体差异性都为表达城市、想象城市、理解城市增添了意义。

"记述者的身份、心境会影响到城市呈现的风貌,记忆呈现的媒介也会大大影响到我们对城市的印象"③,就媒介再现方式而言,摄影是一种个人化记忆,它用可视的方式保留个人对城市的感触、认识和记忆,"这种以每个人满足自我为第一需要的影像记录方式,真实地记录

---

① 〔德〕齐美尔:"大都市与精神生活",载齐美尔:《桥与门——齐美尔随笔集》,涯鸿、宇声等译,上海三联书店,1991年,页259。

② 孙绍谊:《想象的城市:文学、电影和视觉上海(1927—1937)》,复旦大学出版社,2009年,页13。

③ 李孝悌:"明清文化史研究的一些新课题",载李孝悌编:《中国的城市生活》,北京大学出版社,2013年,页16。

了此时此地的一切所在,它也许是微不足道的,但却开启了人类对自我发展进程进行实证的一个过程"①。同时个人化的摄影记录也通过聚合的方式,表达了集体记忆。不同时期手持照相机的人都浸润在当时的社会语境中,时代感也嵌入他们的影像记录内容和方式中,"历史,无疑是一切瞬间的总和。……这种镜子般的原生态的记录不仅表达了个人的深刻观察与思考,也必将成为一种集体的记忆和怀想"②。

作为景观的河流成为人们想象城市的媒介,黄浦江成为外地人(尤其是观光客)指认上海的标志,苏州河成为本地人追忆上海的线索,这种分殊既是"辩证景观"生成的过程,也是文化地理学的映射和投影。虽然河流作为城市意象难逃观念化的过程,但观念化的河流抵挡不了主观与客观、历史与现实的"撞见","辩证景观"在都市行走和都市实践中生成,从而演绎出城市形象的丰富性,河流之于上海的媒介意义更是如此,即河流构建了上海文化的水性,"海派文化,实际上就是一种水的文化,也是一种中西融合的文化,又是一种农业文明和工业文明相结合的一种新的文明形态"③。以河流的形式想象城市,无论是官方话语还是个人记忆,无论是城市规划还是都市体验,都以"景观"的形式产生"橱窗效应",并通过各种方式的叠加、附加、同构从而加速上海景观性的生产,使上海成为追逐、渴求和不断想象的对象。

① 陆元敏:"重涉昨日之河",载陆元敏:《上海人》,上海锦绣文章出版社,2007年,页7。
② 陆元敏:"重涉昨日之河",载陆元敏:《上海人》,上海锦绣文章出版社,2007年,页7。
③ 苏智良:"上海水乡与上海海洋文明",载上海市社会科学界联合会编:《江河归海:多维视野下的上海城市文明》,上海人民出版社,2016年,页42。

第三节 河流:超越城市①的媒介

"空间(space)与地点(place)并不是一个概念。地点是相对静止的一种秩序……空间是由一系列相互交错的移动因素所组成的。"②河流本是一个"地点",是人不能随意涉足其间、改动变更的地点,是存在于地图中、城市格局中的地点,而当它被注入了人的行为和实践后,如架桥、通航、布景、规划、行走、观看、留影等,"地点"就被激活成"空间",意义生产的空间,"空间就是一个被实践的地点"③。被"实践"的河流,生产着关于城市的多重意义,成为嵌入城市的独特景观和风景。

---

① 史蒂文森在《城市与城市文化》一书中提出"超越城市主义"的概念,指的是城市文化研究要直面和思考城市差异、不平等和乌托邦主义等问题,要借鉴城市、社会和文化想象等观点来理解和发展城市理论。本文所言"超越城市"并不是对城市研究的追问和指引,而是立足于具体而微的"河流—城市"关系来阐明河流作为理解城市文化的媒介,具有更深远的跨时空意义,这一意义所指跳出了一城一河、一地一川的地理范畴,揭示出作为风景的河流具有"民族—国家"的象征意义,以及表征时间、指涉过去和未来的永恒性,这一意义的阐明有利于深入理解和反观河流作为连通城市、想象城市和城市意义生成的媒介的特殊性和价值所在。

② 孙绍谊:《想象的城市:文学、电影和视觉上海(1927—1937)》,复旦大学出版社,2009年,页14。

③ 〔法〕米歇尔·德·塞托:《日常生活实践·1.实践的艺术》,方琳琳、黄春柳译,南京大学出版社,2009年,页200。

一、河流风景:演绎"民族—国家"叙事

在文化地理学中,景观和风景虽然可以被"landscape"这个词所统合,但其内涵有所差异,景观(sight)更强调视觉观看性,"自 1910 年代以来,将肉眼能看得见的风景称之为'景观'。根据这个概念,眼睛看得见的风景是具有形态的景观"①。同时景观还强调空间与环境的实体性及人的参与性,如改造、规划、设计等,衍生出的相关概念包括景观规划(landscape planning)、景观设计(landscape design)、景观建筑(landscape architecture)②。风景(scenery, view)则比景观的范畴更广,"风景可分为:肉眼中的风景;意识中的风景;风景的祖型性(笔者注:即人类共通的风景,如曼陀罗样式)"③。风景不论以何种方式再现和表达都与主观建构有关,"风景……是包含了可怕的、快乐的、希望的、讨厌的等价值判断的概念"④。

在时代语境中,风景常常被再现、书写、解读为"民族—国家"的象征物。茅盾笔下的《风景谈》将荷枪战士视为"最伟大的风景",视为"民族精神的化身"。⑤"风景从来都是文化和政治中建构的风景。风景意象从来都是塑造民族国家认同的重要表征。"⑥作为风景的河流,以有别于他国风景的历史性、自然性成为"民族—国家"的象征。

---

① 王鹏飞编著:《文化地理学》,首都师范大学出版社,2012 年,页 204。
② 参见韩凝玉、张哲:《传播学视阈下城市景观设计的传播管理》,东南大学出版社,2015 年,页 6—8。
③ 王鹏飞编著:《文化地理学》,首都师范大学出版社,2012 年,页 205。
④ 王鹏飞编著:《文化地理学》,首都师范大学出版社,2012 年,页 204。
⑤ 茅盾:"风景谈",载古郡:《浴血的墨迹》,中国言实出版社,2015 年,页 7。
⑥ 王新:《见与不见:读图时代的视觉教养》,新星出版社,2014 年,页 318。

　　抗战爆发后,不断升级的民族矛盾赋予城市之河以"怒吼""抗争""抵抗"等拯救"民族—国家"的意识形态色彩。对于上海来说,黄浦江和苏州河都以全新的形象呈现出来,尤其是苏州河关系华东地区战场重心的转移,成为敌我双方的必争之地。《沪西与苏州河的风景线》(图1-15)再现了敌我双方争斗要地——苏州河北新泾河段与中山桥的场景,该图文报道的实质内容是我军为阻止日军进攻而炸毁中山桥的战事,以"过去式"报道"现在式"是为了凸显苏州河作为战略防御屏障的重要性,它事关战局、城殇、国难;静静的苏州河起到安抚民心之效,"我方防御的巩固,敌人早已来尝试过,由小南翔到梵皇渡附近,约七里路,是可以利用河道作为天然防御的地带。……我军在上海一定会坚守起来的"[1]。《静静的苏州河》(图1-16)则以风景如画的苏州

The Chung San Bridge before explosion by our soldiers to stop the advancing Japanese.
The Soochow Creek near Peisingchang　　　　地要的斗争方两我敌河州苏是泾新北

图1-15 《沪西与苏州河的风景线》,《抗日画报》(《新生画报》号外)第14号,1937年11月6日[2]

---

　　① 金仲华:"苏州河岸的新阵线",《抵抗》,第23期,1937年11月3日。藏上海档案馆,档案号:D2-0-620-1。
　　② 图1-15藏上海档案馆,档案号:D2-0-2477-7。

河暗示上海的现状:一面战火连天,一面彻夜笙歌,作者西苓以新体诗将苏州河拟人化,暗喻挽救民族危亡的人们在沉默中抗议,在沉默中爆发。

SILENCE RULED OVER SOOCHOW CREEK 静静的苏州河

图 1 - 16 《静静的苏州河》,《辛报战情画刊》(创刊号) ,1937 年 10 月 10 日①

> 黄浦江是在咆哮,
> 苏州河却形成了死的静寂。
> 北岸上连天的炮火,掀起了神圣的民族抗战;
> 南岸上却彻夜的笙歌,依然是有着没灵魂的人儿在舞蹈。
> 苏州河像因上海的矛盾和畸形的演化而静寂。

---

① 图 1 - 16 藏上海档案馆,档案号:D2-0-2479-11。

失去了以往的繁荣，

可是它快会带来，新的浪潮。[1]

——西芩

　　除了一城之河，河流也超越了一城之域，成为联结全国各地的民族象征，尤其是黄河与长江，它们在不同语境和不同叙事中都成为民族国家的象征。北伐战争期间，希生以黄河、长江的空间地理概念重新划分了"国度"，区分的标准是两地民众运动的发展情况，"在这六七年之中，民众运动的热潮在空间上已竟起了很大的变化，显显然然把中国分成了两个国度。一个是在长江流域的南几省，一个是黄河流域的北几省"[2]。长江流域从早期觉醒启蒙兴盛逐渐败落为消费主义盛行，黄河流域从早期睡狮状发展为醒狮状，作者惊呼："南几省那样沈沈的情形，又使我们不得不皱起眉来说声'厄运降临'，这分明在一个国土里生出两种情形，两个国度的情形。……南几省的情形在此时此地的现代中国不但是不能帮助革命势力的扩张，不但是减少革命生力的部分，常常还忌妒甚至阻碍革命的发展，这是多么危险！"[3]作者发出"河流—国度"论的惊骇之言，希望借黄河流域革命怒潮飞涨之势来激发长江流域的革命运动，使黄河流域和长江流域最终形成全国革命运动的蓬勃之势，在他的叙述中，河流成为指代国家的象征物。

---

　　① "静静的苏州河"，《辛报战情画刊》（创刊号），1937 年 10 月 10 日。藏上海档案馆，档案号：D2-0-2479-11。
　　② 希生："黄河流域革命怒潮之飞涨与陕西青年运动"，《共进》，第 99 期，1926 年 1 月 23 日，上海档案馆，档案号：D2-0-1867-11。
　　③ 希生："黄河流域革命怒潮之飞涨与陕西青年运动"，《共进》，第 99 期，1926 年 1 月 23 日，上海档案馆，档案号：D2-0-1867-11。

救国会"七君子"之一的章乃器在 1936 年前往武汉的长江之旅中,因观长江之势而发救国之言。他面对长江岸边"帝国主义的兵舰"和国人"几椽茅舍和几叶帆船",不由感慨:"一想到中国船业的危机,再想到民族民生的危机,不能不觉得'坐不安席'而发生了无限的彷徨。"①他痛感政府对民族工业发展的懈怠,"大部分是在享乐方面——在洋楼大厦和汽车道的建设上面作'锦上添花'的勾当,而不会在民族前途和大众生活上做丝毫的打算"②。章呼吁大众发出长江般的怒吼:"长江是年年在怒吼。沿长江的大众,还只是细碎不断的呻吟。呻吟有何用呢? 只增加了耻辱和苦痛。我们要把细碎的呻吟打成一片,变成了大众的呼声;只有大众的呼声,大众的怒吼,才能争取我们的生存","怒吼吧! 大众! 怒吼吧! 中国!"③章乃器将长江怒潮隐喻为拯救民族危亡的大众怒吼,只有"准备牺牲血和肉"的大众抗争才能争取国存民生。

河流的"民族—国家"之喻与特殊的时代背景有关,翻过民族救亡的历史篇章,河流的"国家热"在 20 世纪 80 年代再度被掀起,此时的河流被赋予了新的国家形象和国家叙事:长江、黄河成为中华文明源远流长的象征,改革开放后的中国正如奔流不息的巨河一般,以开放之姿、大国之态积极加入国际社会。最典型的代表是 20 世纪 80 年代纷至迭出的"河流系列"纪录片:《话说长江》(1983)、《话说运河》(1986)。④

---

① 章乃器:"怒吼吧,长江流域的大众",《永生》,第 1 卷第 10 期,1936 年 5 月 9 日,上海档案馆,档案号:D2-0-632-9。
② 章乃器:"怒吼吧,长江流域的大众",《永生》,第 1 卷第 10 期,1936 年 5 月 9 日,上海档案馆,档案号:D2-0-632-9。
③ 章乃器:"怒吼吧,长江流域的大众",《永生》,第 1 卷第 10 期,1936 年 5 月 9 日。藏上海档案馆,档案号:D2-0-632-9。
④ 《话说长江》《话说运河》虽然均由央视制作生产,是主流媒体所建构的意识形态话语;但《话说长江》创下了中国纪录片 40% 的收视率之最,当时的社会心态可见一斑。

《话说长江》以 25 集的篇幅绘制了"振兴中华"的美好蓝图，每一集叙
述长江沿岸的一个城市与长江的关系，通过城市与河流的关系串联起
中华民族的历史与现实，如第 24 集《黄浦江畔》着重描绘了繁华都市
上海与黄浦江的共生关系。新时期以长江展开的国家话语叙事，正如
其主题曲所吟唱："我们赞美长江，你是无穷的源泉；我们依恋长江，你
有母亲的情怀。……你用纯洁的清流，灌溉花的国土；你用磅礴的力
量，推动新的时代。"《话说运河》以 33 集的篇幅再现了京杭大运河①，
其主旨是颂扬这一有着千年历史、千里长度的人工奇迹，将之视为民族
骄傲、文明象征。20 世纪 80 年代风起云涌的"河流—国家"叙事表现
了当时的社会心理，"在新时期的中国大陆，无论是改革开放政策的制
定，还是社会主义市场经济体制的确立，都是在一种'走向世界'的民
族自强心态下进行的"②，河流成为表达民族观念、大国意识的媒介，同
时河流意象也建构、生成、强化了"民族—国家"的叙事方式：历史悠
久、大气磅礴、自强自立、生机勃勃。

　　如果从风景和景观的视角反思河流与都市的关系，两者既关联又
疏离。河流既是风景也是景观，而"都市首先是一种景观，一个视觉对
象物。或者说，都市的重要特征之一就是它的景观性"③。作为风景的

---

　　①　关于京杭大运河的定位和价值，有两种观点：其一，京杭大运河的开凿与南粮北运
有关，运河的开凿从经济、文化上加强了城市间的沟通。黄仁宇认为，大运河在经济上发
挥着实质命脉作用，除了首要的谷物外，包括新鲜的蔬菜、水果、家禽、纺织品、木料、文具、
瓷器、漆器，几乎所有中国生产的物品都通过大运河进行输送。(参见〔美〕黄仁宇：《明代
的漕运》，张皓等译，新星出版社，2005 年，页 15—16)其二，运河是吸取"东南膏脂"弊大于
利的役民之举，运河破坏了苏北、皖北等地原有的自然环境、生态环境、生产环境。(参见
马俊亚："集团利益与国运衰变——明清漕粮河运及其社会生态后果"，《南京大学学报(哲
学·人文科学·社会科学)》，2008 年第 2 期)
　　②　蒋述卓、王斌、张康庄等：《城市的想象与呈现：城市文学的文化审视》，中国社会
科学出版社，2003 年，页 155。
　　③　杨斌："都市景观中的意识和视线"，载孙逊、杨剑龙编：《都市文化研究》第 2 辑
《都市、帝国与先知》，上海三联书店，2006 年，页 243。

河流具有超越城市的特征,这种超越性集中表现为它可以演绎"民族—国家"叙事,这种超越性在很大程度上源于河流跨越传统与现代、时间与空间的"自然性"。

二、超越城市:跨越时空的"自然性"

河流所构建的空间与其他现代物所构建的空间有所不同,现代公共交通系统,电车网络、铁路网络、轻轨网络、地铁网络以及通信技术网络有效地将城市整合成一个适合现代化有机体正常运行的整体,同时以机械化的治理方式有形或无形地施加对人的管理和监控,新型的社会关系、社会网络、传播秩序就此形成。而河流在参与现代交通体系建设的过程中,仍然保持了与现代性的距离,它以"自然性"构筑了跨时空的空间,留给人们关于历史、传统、自我、认同的内在想象。

河流既是景观、风景,也是自然,"'自然'是地面上可见的东西……所谓自然就是事物的无穷无尽的联系,形式的不断产生和消亡,在时间和空间存在的连续性上表现出来的大量统一"①,河流体现出这种"大量统一"的特征。河流之于城市呈现出时空压缩的特性,"'压缩'应当被理解为同先前的任何事物的状况都有关系"②,时空压缩在人们的体验、经验和叙事中完成,"如果空间和时间是对各种社会关系进行编码和再生产的话,那么对于前者进行表达的方式几乎肯定会引

---

① 〔德〕齐美尔:"风景的哲学",载齐美尔:《桥与门——齐美尔随笔集》,涯鸿、宇声等译,上海三联书店,1991年,页160。

② 〔美〕戴维·哈维:《后现代的状况》,阎嘉译,商务印书馆,2003年,页240。

起后者的某种变化"①。河流的时空压缩性与它的承载物"水"有密切关联，流水不腐、万川汇海、"逝者如斯夫"，流水具有生命哲学从无到有、从有到无的生生不息的循环性，同时也被赋予"新""活"的特质。河水流经之处，线性的时间关系和变化的空间关系交叠在一起，河流伴随着城市的生与灭，见证着城市的沧桑巨变，河流充当了对接历史与现实的媒介，被屡屡编码重构，成为承载历史与文化的载体。河流的跨时空性，使其可以制造历时性和共时性的观感，进行空间的意义生产，"从某种意义上讲，空间的生产是社会关系的再生产，是新的城市概念的生产，也是新的情感结构的生产"②。

　　河流既是理解城市的媒介，城市也是理解河流的媒介。城市与河流存在相互描述、相互定义的关系。基特勒将河流理解为城市众多网络中的一部分，"交错的网络分割和联结着城市，尤其在城市的边缘、外围和交界处。不论网络传送的是信息（电话、广播、电视）还是能量（自来水、电力、道路），它们都是信息的不同表现形式（只不过因为现代的各种能量流都依赖于相似的控制网络）"③。虽然基特勒将所有的网络简化为信息网，但倘若分而视之，会开启重新理解传统城市与现代城市的新视域。城市由物质、信息、能量所编织的网络构成，但传统城市和现代城市的网络存在形式和编织方式有所差异：传统城市的网络在物质形式上较为单一，如河流所构筑的网络综合承担了交通、运输、通讯的功能，成为连通城市并传递城市信息、能量的重要载体；而现代城市的网络在细分化的基础上以更加绵密的形式渗透到城市空间和人

---

　　① 〔美〕戴维·哈维：《后现代的状况》，阎嘉译，商务印书馆，2003年，页248。
　　② 毛娟："哈维空间理论的几个关键词"，载周宪、陶东风编：《文化研究（第21辑）》，社会科学文献出版社，2015年，页12。
　　③ 〔德〕弗里德里希·A.基特勒：《城市，一种媒介》，载周宪、陶东风编：《文化研究（第13辑）》，社会科学文献出版社，2013年，页256。

们的日常生活中,虽然各种网络最终归于信息,但每一种网络的功能和地位却在城市转型的过程中发生了变化。

　　河流的自然性建构了河流与城市"离与合"的关系,离合关系取决于人的行为。齐美尔在《桥与门》中就阐释了事物之间既联系又分离的关系,"是离还是合先天有之? 是合还是离后天为之? 这纯粹取决于人的行为"①。河流是人类定居建城的必备自然条件,河流建立起关联城市之间、城乡之间的地理网络,在传统社会,河流成为乡村"输血"城市的重要中介,既包括物质性的劳动力、物质生产资料和生活资料,也包括主观情感层面的乡村形象、乡愁寄托、城市向往、城市想象。随着工业革命的发展,城市化进程的加快,城市以难以想象的速度扩容增长,城乡之间的角色和形象发生逆转,城市成为"输出"技术、设备、知识的集散中心,尤其是随着现代交通和媒介技术的发展,城乡之间沟通的渠道变得多元,从火车、汽车、飞机等现代交通工具所实现的地理沟通,到电话、广播、电视、报纸、网络等现代通信手段所构建的拟态沟通,城市的扩张性急剧膨胀,现代城市的形象变得更清晰明朗,而现代社会的乡村形象反而变得模糊不清,而"在人们的意识中,乡村形象是清晰的、透明的、切实的,而城市形象则是朦胧的、模糊的、虚幻的"②。

　　在模糊与清晰之间,在主动与被动之间,在虚幻与切实之间,存在着"流动"的差序与冲动,无论是"物质流""能量流""信息流"还是"情感流",乡村与城市都互相成为观照自身的"他者",乡村更大程度上代表着"回归"与"本我",城市则代表着"扩张"与"自我"。乡村是依靠熟人社会和人情关系建立起来的礼俗社会,而城市是依据市场原则和

---

　　① 〔德〕齐美尔:"桥与门",载齐美尔:《桥与门——齐美尔随笔集》,涯鸿、宇声等译,上海三联书店,1991年,页1—2。
　　② 蒋述卓、王斌、张康庄等:《城市的想象与呈现:城市文学的文化审视》,中国社会科学出版社,2003年,页52。

契约关系建立起来的法理社会。城市越发展扩张,人们对田园牧歌式的乡村生活越向往,城乡二元的对立不仅仅存在于经济结构中,而且深植于人们的观念中,"许多对城市的想象从其核心来看,大都具有浓厚的怀旧情绪——从根本上是要弃绝城市的不确定性和现实性,弃绝城市文化的混乱不堪与不可预知"①。当令人身心俱疲的"城市病"开始蔓延,人们总是渴望依托"旧物"来怀旧、追忆、想象自我,虽然河流无法引领人们抵达陶渊明式的世外桃源,但具有地理稳定性和历史包容性的河流成为关联"出世与入世""退守与进取""理想与现实"的媒介。河流的自然性使之成为城市人寄情山水、托物言志、借景抒情、释放自我、表达自我的"镇静剂"和"避难所"。从某种程度上来说,河流超越城市,抵达乡野,抵达过去,抵达民族,恰恰彰显出被现代性、主体性所耗尽的人的无力感,以及人类对无法超越的自然的崇拜,"轻快的河流流过城市的心脏,日日夜夜低语着隐秘的问候,从泉水,从山峦,从太空",扎加耶夫斯基的诗恰似河流超越城市的绝妙注脚。

小结 河流"自然物":上海现代性的"结晶"

界定、描述和理解城市的方法有很多,城市意象渐成共识,那些能够彰显城市特征的形象被不断关注和描摹,街道、摩天轮、摩天大楼、拱廊街皆如是。新兴的现代都市意象值得聚焦,持久长存的城市"微物"也值得重新琢磨。河流与城市关系的探讨,试图跳出"现代物"的范畴

---

① 〔澳〕德波拉·史蒂文森:《城市与城市文化》,李东航译,北京大学出版社,2015年,页177。

来探讨上海的现代性,探寻城市历史脉络中的"微物",解读河流"自然物"之于城市的意义。

"微物"是理解城市的媒介,李孝悌在《中国的城市生活》序言中提出城市文化史的"微物"视角,指出对于一桥、一楼、一堂、一寺、一街的描述,都赋予这个符码以更多的意义,是一个不断被复写的文本。[①] 河流在任何城市都是不可或缺的"微物",河流是连通城市、想象城市、超越城市的媒介。河流是城市的动态文本,是包容秩序与混乱、官方与个人、现代与传统、时间与空间的城市见证者,是记载城市生命的"年轮"。

河流以"自然物"的原型贯穿起城市的过去与现在、历史与现实、传统与现代、事物与事件。对于上海来说,黄浦江、苏州河是理解这座城市的重要媒介,河流周边景观的变迁,人们对河流的视觉呈现与存档记录,人们对河流的利用与改造,都在不同层面展现出河流"自然物"在上海城市的现代化进程中永不缺席的媒介性,它让这座城市的意义和生命力包容并尽显于河流"自然物"中。如果把河流比作这个城市的不朽"容器",它在时间上所见证的城市变迁,在空间上所形塑的城市格局,以及人们在时空脉络中对它的文化实践和物质实践,都累叠成理解城市现代性的具有历史厚度的"结晶"。

---

① 李孝悌:"明清文化史研究的一些新课题",载李孝悌编:《中国的城市生活》,北京大学出版社,2013年,页19—20。

第二章
上海"意象":豫园的视觉性与地方性

    晚清进士李瑞清①,自号梅花庵主,20世纪初曾寓居上海,他不仅精通诗书画,还"恣意图史"②,遂以图文解说的方式遴选出"申江胜景"(图2-1),豫园作为继徐家花园、张园、愚园、也是园之后第五个"登场"的申江胜景,被突出描绘的是豫园湖心亭。

    一百年后,2010年上海世界博览会时长近六分钟的官方宣传片用三秒钟展现了豫园景观,这三秒钟的镜头聚焦于豫园湖心亭;又八年,2018年中国国际进口博览会上海城市形象片之"大美"篇,在一分半钟的时间里聚焦豫园三秒钟,取景点在湖心亭,镜头向上推,扫过对面的绿波廊,渐次推出刷新上海城市高度的摩天大楼上海中心大厦。如今豫园的视觉呈现常常与摩天大楼并置(图2-2),形成现代与传统的"拼贴画"。

---

    ① 李瑞清,江西临川人,号梅花庵主,1907年任两江师范学堂监督,后任江宁提学使、江宁布政使,清帝退位后出家为道。"清帝溥仪下诏退位,瑞清于鼎革后易皇冠,为道士,赁庑上海,匿姓名,自署曰清道人,人称李道士……道人诗书画皆臻绝诣,诗宗汉魏,下涉陶谢,所作山水,疏澹冲远,得云林寒荒冷逸之趣,书法各体皆备,尤好篆隶,靡不苍劲入古。"(参见刘绍唐编:《民国人物小传(第6册)》,上海三联书店,2015年,页114)
    ② 刘绍唐编:《民国人物小传(第6册)》,上海三联书店,2015年,页113。

图2-1　《豫园湖心亭》①

图2-2　《豫园湖心亭九曲桥》,2010年②

———————

　　①　图2-1见梅花庵主:《申江胜景图说》,《国立北京大学中国民俗学会民俗丛书（第4辑第78卷）》(影印本),台北东方文化书局,1970年,页6。

　　②　图2-2见汤伟康:《上海百变》,上海人民美术出版社,2014年,页19。

如果说百年前的豫园胜景是个人心中的上海意象,百年后的宣传聚焦是官方眼中的上海意象,那么作为上海意象的豫园在百年间经历了哪些变化呢? 为何湖心亭屡屡成为视觉焦点? 倘若将豫园湖心亭视为凯文·林奇(Kevin Lynch)所说的"公众意象",即"大多数城市居民心中拥有的共同印象"①,那么湖心亭在不同的时空语境下何以成为公众意象?

公众意象是"在单个物质实体、一个共同的文化背景以及一种基本生理特征三者的相互作用过程中,希望可能达成一致的领域"②,事实上,林奇的表述点明了构成和考察意象的三要素:物质性、文化性和经验性,即城市意象要由一定的物质实体构成,并在特定的文化背景中,被人们所感知和经验。如果从这三方面考察,那么豫园如何被编织进不同语境的城市空间和文化脉络中,豫园作为上海意象历经百年何以形成的呢?

第一节　可读性:豫园的视觉凸显

沿湖一望水迢迢,步向红栏九曲桥。

屋角纵横林木盛,豫园风景胜前朝。

湖心亭子即蓬莱,风起荷香馥郁来。

---

① 〔美〕凯文·林奇:《城市意象》,方益萍、何晓军译,华夏出版社,2001年,页5。
② 〔美〕凯文·林奇:《城市意象》,方益萍、何晓军译,华夏出版社,2001年,页5。

欲觅仙瀛何处是,山间尽可小徘徊。①

——凌云子《豫园杂咏》

　　豫园始建于明嘉靖三十八年(1559),建园者潘允端曾任四川布政使,辞官回上海故里后,在城隍庙一角的祖宅上聚石凿池建林,费时30余年于万历十八年(1590)建成。建成时豫园占地70余亩,以规模之宏、奇石之多被冠以"东南名园之冠",有"奇秀甲于东南"的美誉。

　　潘氏建园冠以"豫"字,实取"愉悦老亲"之意,这在他所撰写的《豫园记》中有记载,由于造园耗资甚巨,潘氏告诫子孙:"第经营数稔,家业为虚,余虽嗜好成癖,无所于悔,实可为士人殷鉴者。若余子孙,惟永戒前车之辙,无培一土植一木,则善矣。"②潘氏家道中落后,豫园从初建的70余亩,到清康熙至乾隆年间,几经修整,形成了"豫园(西园)—内园(东园)"的格局,其间几易人手,并历经战乱毁损,至清末荒废散落。豫园位于城隍庙西北部,"先庙寝之左有东园,故以'西'名之"③,彼时豫园以"西园"为名,此既非静安寺东侧李逸仙建造并于1887年对外开放的西园,也非上海县城西门外张远槎1907年兴建的西园。据时人记载,"沪上花园向以邑庙东、西园为最……东园即庙内园,回廊曲折,山石峻嶒,结构亦称奇幻。……西园本前明潘允庵方伯之豫园,地大五十亩,极亭台池沼之胜。嗣潘氏微,旋归庙为西园矣。池心建亭,左右翼以石桥,名曰九曲桥"④。可见当时的沪上花园,以豫园为

---

①　凌云子:"豫园杂咏",载程绪珂、王焘主编:《上海园林志》,上海社会科学院出版社,2000年,页617—618。

②　潘允端:"豫园记",载陈从周、蒋启霆选编:《园综　下》,同济大学出版社,2011年,页2。

③　参见程绪珂、王焘主编:《上海园林志》,上海社会科学院出版社,2000年,页87。

④　池志澂:《沪游梦影》,上海古籍出版社,1989年,页161。本书与葛元煦的《沪游杂记》、黄式权的《淞南梦影录》为合集(上海古籍出版社,1989年)。

最；豫园之景，以湖心亭九曲桥为最。

一、作为视觉焦点的"湖—亭—桥"

当时的豫园诸景中，有多处堪称妙笔。其一为叠山。相传其为上海叠山家张南阳所建，奇峰异石，亭台楼榭，参差有致，其中由武康黄石叠成的大假山被认为是佳作。其二为奇石。玉华堂前的玉玲珑堪称石中珍品，石峰高 3.3 米，百孔穿身，孔孔相连，无论是自下焚香还是自上注水，都会形成美丽的奇观，此石"移自乌泥泾朱尚书园，秀润透漏，天巧宛然，狭于昆山之龙头石而高过之，皆隋、唐时物也"[①]。潘允端也自谦道："大抵是园不敢自谓辋川、平泉之比，而卉石之适观，堂室之便体，舟楫之沿泛，亦足以送流景而乐余年矣。"[②]

颇有意味的是，自 19 世纪后半叶，作为豫园组成部分的"荷花池—湖心亭—九曲桥"被视为豫园的代表性景观被文字和图像反复描述和再现。湖心亭在潘氏建园时名为凫佚亭，《豫园记》述之曰："池心有岛横峙，有亭曰'凫佚'。"[③]后豫园几经易主，1855 年豫园在布业商人集资重建的基础上始在湖心亭开设茶楼，初名"也是轩"，继名"宛在轩"，后又恢复"湖心亭"旧名。湖心亭是砖木结构建筑，"建筑面积近 200 平方米"，其特色在于不同于普通亭子的 4 个角，湖心亭有 28 个角，亭内"屋梁牙檐，梁栋门窗均雕有栩栩如生的人物、飞禽走兽及花鸟草

① 王世贞："豫园记"，载程绪珂、王焘主编：《上海园林志》，上海社会科学院出版社，2000 年，页 638。
② 潘允端："豫园记"，载陈从周、蒋启霆选编：《园综　下》，同济大学出版社，2011 年，页 2。
③ 潘允端："豫园记"，载陈从周、蒋启霆选编：《园综　下》，同济大学出版社，2011 年，页 1。

木,还有砖刻和绘画"①。湖心亭楼内分上下两层,每层又分内外二堂。② 九曲桥是抵达湖心亭的唯一通道,"湖心有亭渺然浮水上,东西筑石梁九曲以达于岸"③,"来游者必须行经此桥,弯弯曲曲,平添游兴"④。

"荷花池—湖心亭—九曲桥"在当时的图像再现让我们得以窥见彼时豫园的标志性景观,通过图像比照可见这一景观的视觉再现呈现出高度的同构性。无论是采用中心线构图还是斜角构图,湖心亭—九曲桥都被置于突出位置,湖心亭繁复的亭角和九曲桥的曲折回廊都成为重点表现的部分(图2-3)。1988年豫园商场股份有限公司发行的

图2-3 《豫园湖心亭九曲桥》,1859年⑤

① 薛顺生、娄承浩编著:《上海老建筑》,同济大学出版社,2002年,页48。
② 张哲永编:《中国茶酒辞典》,湖南出版社,1991年,页280。
③ 乔钟吾:"西园记",载程绪珂、王焘主编:《上海园林志》,上海社会科学院出版社,2000年,页639。
④ 蔡耕:《茶熟香温二集》,上海三联书店,2010年,页96。
⑤ 图2-3来源同图2-2,页18。

股票票面上也以湖心亭—九曲桥作为形象标识。随着时间变迁,湖心亭—九曲桥周边的景观数易其貌,从空旷杂乱到秩序井然,从自然风光到摩天大楼,但湖心亭—九曲桥仍然成为豫园最突出的视觉表征,"此亭成为中外人士游乐好去处,自非偶然"①,这离不开其建筑构造的物质性和视觉性。

二、湖心亭的多重视觉性

如果将"湖—亭—桥"看作是一组有机构成的建筑组件,居于中心位置的湖心亭具有统摄作用,以湖心亭为中心演绎出多重视觉性。

(一) 湖心亭的"聚焦性"

作为地点的湖心亭,在游者、行者的空间移动中成为不断逼近的视觉焦点。英国人麦克法兰(W. Macfarlane)1880 年旅沪时记载了游览豫园的见闻:

> 接下来,我们的注意力转移到了老茶馆和它的人工湖。……通过一条长长的九曲桥可以到达茶馆,有人告诉我们这座桥建于一千五百年前。每个桥墩都由两根灰色的花岗岩柱子组成,大约有三英尺高,在桥墩上横向放着一块石头,而在两个桥墩之间铺着三块同样非常坚固的石头,形成了一条狭窄的道路。整座桥都有坚固的木头栏杆,它肯定是后来所建。花岗岩石同样构成了茶馆

---

① 蔡耕:《茶熟香温二集》,上海三联书店,2010 年,页 96。

的地基,但是茶馆没有桥梁那么古老。这个茶馆是典型的中式建筑,但规模很小,面积不大,只有两层高,有一个经过装饰的屋顶。①

　　从麦克法兰的细致描述可见,湖心亭和九曲桥在当时以其建筑构造的视觉观瞻性在豫园的游览中很快进入了游人的视线。除了游人的旅行纪实,湖心亭作为视觉焦点还可从晚清小说《海上繁华梦　后集》的情节设置中窥见一斑。该书《后集》第三十九回《颜如玉九曲桥发疯　巫楚云百花里绝命》将一出高潮戏设置在了湖心亭的唯一通道九曲桥上。男主人公少牧在城隍庙跟丢了颜如玉,于是来到九曲桥对面的小茶寮暂坐:

　　　　遥见隔水九曲桥上,来往的人绿女红男,不绝如织。……少牧正在临流闲眺,猛见桥旁又涌出一队小孩,笑声大作,中间簇拥着一个赤体妇人,和着那班孩子说话。这妇人不是别个,又是如玉。自从进城之后,不知怎样将衣服脱去,闹至城隍庙来。其时癫性大发,身上一丝不挂,两只手高高擎着,把大拇指与第二个指头,装做两个圆圈,从桥堍飞步上桥。……少顷,只见他走至半桥,相近湖心亭畔。其时恰有个似花非花、似叶非叶的女人,有人替他拿着一只香篮,仿佛在庙中烧过了香,款步闲游,打从这桥上经过,正与如玉劈面相逢,躲避不及,被他拦腰一把抱住。只吓得那女子大呼"救命"。旁边游手好闲的人更齐齐的喝一声彩,一拥而上,把这

---

　　① 〔英〕麦克法兰:"上海县城:街道、寺庙、监狱以及园林"(1880),载麦克法兰等:《上海租界及老城厢素描》,王健译,生活·读书·新知三联书店,2017年,页65。

条九曲桥竟挤得个水泄不通。①

　　这出戏设置在九曲桥与其视觉性不无关联。九曲桥以"湖—亭—桥"的整体结构处于邑庙中,而作为跨湖且抵达湖心亭的唯一通道,九曲桥成为人们集散的重要地点,正是在这里汇集了不同人群、不同角度的目光,桥上的、桥下的、湖心亭的、湖边的目光都极易因突发事件的发生而投向此处,在这里展开与视觉相关的戏——身体赤裸和肢体纠缠——再适合不过。

　　值得一提的是,九曲桥不仅可以聚集目光,它还将目光引向湖心亭。九曲桥所联结的不仅是地理意义上的湖心亭,九曲桥还实现了视向的转变,将投向湖心亭的聚焦式目光,转向登亭览胜的发散式目光。也就是说,湖心亭具有双重视觉性:既有由外向内的看,也有由内向外的看。在游览豫园的过程中,围绕湖外围的目光纷纷投射到位于湖中央的湖心亭,湖心亭既成为被观看的景观,也成为游客步移造访的景观。湖心亭以其自身构造之精奇引导人们登亭览胜,从而实现从聚焦湖心亭到"湖心亭式的观看"的转变。如果将湖心亭看成是一个视觉装置,湖心亭好比眼睛或镜头,登亭览其"所现之景"乃"静观万类"。

(二) 作为视觉装置的湖心亭

1. 环形敞视

　　"静观万类"出自康熙为西湖湖心亭所题匾额,虽特指西湖湖心

---

① 孙家振:《海上繁华梦 后集》,百花洲文艺出版社,2011 年,页 806—807。

亭,但点明了作为类别的湖心亭其观看视角和理念的相似性。① 以湖心亭为视觉中心,得以据一点而遍览西湖全景,这是一种环形式的全景观。正所谓"登斯亭者,对波影而溯洄,瞻云章之辉映,全湖风景,毕现于画帘镜槛之前。诗蓬莱宫在水中央,斯境殊堪仿佛也"②。

湖心亭不论大小形制,多采用多牖轩窗的框架结构,只要启窗,湖心亭就变成一个敞视的视觉装置,这种敞视装置形成环视四周的全景式观看。豫园修建之初就设置了湖心亭,并强调湖心亭的环视效果,"池心有岛横峙,有亭曰'凫佚'。岛之阳,峰峦错叠,竹树蔽亏,则南山也。由五可而西,

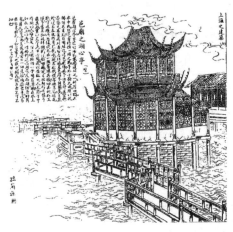

图 2-4　《上海之建筑——邑庙湖心亭》⑤

南面为介阁,东面为醉月楼,其下修廊曲折,可百余武。自南而西转而北,有楼三楹"③。虽豫园历经多次重修,但湖心亭始终备受重视,陆锡熊《湖心亭碑记》有云:"八窗洞辟,循桄俯临,然后鱼鸟之出没,烟云竹树之暗蔼,而菁丽无不尽于四瞩。"④《图画日报》在介绍沪上建筑时也强调湖心亭之于豫园的意义(图 2-4),"实以

① 笔者认为作为相似建筑组件的湖心亭具有相似的视觉性,并在分析豫园湖心亭的视觉性时,以西湖湖心亭作为旁证。关于两者的相关度,详后。

② 芝:"大陆之景物 四十六:杭州湖心亭",《图画日报》,1909 年第 46 期,页 1。

③ 潘允端:"豫园记",载陈从周、蒋启霆选编:《园综 下》,同济大学出版社,2011年,页 1—2。

④ 上海博物馆图书资料室编:《上海碑刻资料选辑》,上海人民出版社,1980 年,页 22。

⑤ 图 2-4 见《国画日报》,1909 年第 7 期,页 2。

是亭为中心点，是以登临之人尤众，亭中有额曰'人境'，壶天楼上有联曰：'一亭明月清风，在水上如在天上；四面峰回路转，是西湖或是南湖'，系昔时旧有，屡经髹漆者，盖豫园当日一切建筑，颓废者半，改易者亦半，惟此亭如鲁灵光之巍然独存，放古者不可不知也"①。

　　湖心亭内含的环形敞视是一种开放式的视觉观看（图2-5），"环亭面面开窗，楼内茶客，啜茗观景，怡情适性"②。这与边沁和福柯所描述的全景敞视监狱的封闭性敞视大不相同。湖心亭的敞视没有外部边界，既不会被人工建造为确保监视有效性的建筑壁垒所封闭，也不会被进入敞视视线的权力体系

图2-5　《城内豫园湖心亭》③

和等级格局所封闭。湖心亭因建筑空间和地理位置的开放性，使其观看可以涵盖湖水景、湖山景、湖桥景、湖天景，其视线亦可仰可俯、可长可短、可宽可窄，观看的自由性、任意性全凭观者如何收放视线。也正因如此，诸多文人墨客在湖心亭观景时常由宏阔天地转吟人生沉浮，由驰骋云光转而回首流波，"森森澄波里，庐亭四壁孤。浮鸥看一点，灏

①　璧："邑庙之湖心亭"，《图画日报》，1909年第7期，页2。
②　蔡耕：《茶熟香温二集》，上海三联书店，2010年，页96。
③　图2-5见《滑稽杂志》，1913年第1期，页7。

气控三吴。山色阴能变,云光淡若无。风流回首地,又见长葫芦"①,
"凭窗品茗,环眺四周,绿波廊、松云楼、南翔小笼馒头店、湖滨楼、豫园
绮藻堂尽收眼底;低头看,碧波中金鱼戏水,夏日荷花满池,清香袭人,
一杯香茗在手,四骨柔情随缕缕茶香萦绕心头"②。观者身处湖心亭
中,由其观看行为生产出己身与环境的交流。

2. 通感之看

黄式权谈及沪北茶寮丽水台时写到茶寮观看所伴随的听觉:
"高阁临流,轩窗四敞,青楼环绕,笑语可通。"③池志澂也有类似
的描述:"沪上茶室闻创始于一洞天,其后继之者,丽水台最为著
名。高阁临流,轩窗四敞。左右后三面皆棋盘街,万楼莺燕,笑语
皆通,寻花问柳,皆于斯嘲风弄月。"④虽然以上皆非对湖心亭的
描述,但可以想见人流如织的豫园湖心亭同样也伴随着听觉性
观看。

若把湖心亭式视野视为环形敞视的视觉装置,那么这一视觉装置
的设置、构造都影响人们的观看体验。四启轩窗是亭内向亭外看的重
要条件,但由于湖心亭处于湖中心,受季节和天气的影响,其观看除了
伴随听觉性,还常常伴随嗅觉和触觉等多种感官。

夏季通常被认为是湖心亭最佳的观景时节,"邑庙湖心亭,四围品
窗。下挹波光,凉飔微逗,最宜盛夏"⑤。因湖心亭所在之湖通常遍植

① 全祖望:"续甬上耆旧诗集卷四:过湖心亭",《国粹丛编》,1907年第1卷第2期,
页3。
② "上海湖心亭茶馆",载黄滢、马勇、贾方编:《茶空间 上》,江苏人民出版社,2012
年,页34。
③ 黄式权:《淞南梦影录》,郑祖安点校,上海古籍出版社,1989年,页114。
④ 池志澂:《沪游梦影》,胡珠生标点,上海古籍出版社,1989年,页159。
⑤ 徐碧波:"湖心亭早茶记",《联益之友》,1927年第37期,页2。

荷花，夏季观景不仅增添湖中景，还伴有扑鼻荷香，此种乐趣常为人道："亭外远近植芙蕖万柄，花时望之灿若云锦，凭栏延赏，则飞香喷鼻，鲜色袭衣，虽夏月甚暑，洒然沁人心脾。"①同时由于轩窗四起，风穿堂而过，临风沐雨又平添触觉之感，"湖亭兀峙水中心，我独重来告茗斟。飞阁三层涵倒影，长桥九曲卧春阴。只怜旧雨如云散，但见游丝掠地沈。栏角朝阳半明灭，开窗犹怯峭寒侵"②。加之湖心亭内品茗，亦叠味觉之感受。由此在湖心亭观景，可以依四时变化而感受风雨、冷暖、花香、日月、光影，形成色、声、香、味、触的通感之效果。正如清代诗人萧承萼所描绘的那样：云、日、柳、鸥、荷是所见之物，墨、红是所呈之色，藕花是所嗅之味，晚凉是风来所触，"如墨云阴掩夕晖，模糊烟柳影依依。无端几点催诗雨，惊起闲鸥水面飞。水心亭子夕阳红，九曲栏杆宛转通。小坐忽惊帘自卷，晚凉刚动藕花风"③。还有人热衷于湖心亭的夜景，"我家居城隍庙东已三十余年，在我私人方面，也觉得湖心亭的夜景，比白天更来得富于诗境。正如老友雪明君所说的：'夜间走过九桥，一折一折的红石阑干，浴在月光里发出明洁的色泽，而人影倒映在湖心中，随着我们的步武的移动；风吹波皱，影亦碎裂，一种光景，确实美妙非常'"④。

可以说，"湖心亭式的观看"以周遭环形之敞视，集波影镜照之看，观寒暑朝夕之姿，生虚实相生之感，是融物我、天地、虚实于一体的观看方式。这一观看方式体现出中国人的审美情趣和文化特征。

---

① 乔钟吾："西园记"，载程绪珂、王焘主编：《上海园林志》，上海社会科学院出版社，2000年，页639。
② 蛰公："上海湖心亭渝茗感赋"，《江苏省立第二女子师范学校校友会汇刊》，1920年第10期，页1。
③ 萧承萼："游豫园小坐绿波池上"，载乐峰：《陈从周传》，上海文化出版社，2009年，页141。
④ 张若谷："上海的湖心亭面面观"，《良友》，1936年8月号第119期，页47。

3. 镜像之看

湖心亭式的观看具有通达自然的开放性,它还因地处湖心形成镜像之看。湖心亭以湖为镜,远山近树、日月云鸟皆可倒影在水中,观者既可俯看湖中之景,还可掬水弄景。以湖为镜,景色与景物虚实并立,可俯视、仰视,可平视、环视,增添了观看的层次和乐趣,有诗云,"杨柳如烟鸳语忙,楼台宛在水中央。湖波可掬山翠远,笑卷湘帘纳晚凉"[①],又诗云,"波光潋滟捧湖亭,小立翻教醉眼醒。万类静观双照外,澹烟和雨送山青"[②]。"掬远山""万类双照"皆点明镜像之看将虚景和实景融为一体,观者沉浸于虚实相生的湖景中,人是景中物,人在画中游。因为湖心亭的镜像之看,茶客们皆以临湖之座为上座,"去玩湖心亭的大多是进去喝茶——那里面设着一个茶室。倘若去别的茶馆,那么不妨随便拣一个位置,但若进湖心亭去喝茶,一定要拣一个临湖的位置,否则就不成其为玩湖心亭,虚此一行了"[③]。

湖心亭的另一重镜像之看源于一些技术构件,即窗玻璃的使用增添了湖心亭观看的光影之效。郑逸梅在回忆上海茶寮时称沪上"茶寮用玻璃窗,阆苑尚是首创",他借用黄梦畹《沪事谈屑》的话,"阆苑第一楼,洋房三层,四面皆玻璃窗,青天白日,如坐水晶宫,真觉一空障翳,计上下两层,可容千余人"[④],虽所言非豫园湖心亭,但玻璃窗的使用会重构湖心亭的视觉观感。豫园湖心亭装上玻璃窗的确切时间难考,但从英国人麦克法兰 1880 年访沪的见闻可推断时间应在 1880 年以前,不

---

① 伯时:"游湖杂咏·湖心亭",《东方小说》,1923 年第 1 卷第 1 期,页 112。
② "抵杭州有作·湖心亭",《南社湘集》,1937 年第 8 期,页 357。
③ 灵芝:"忆邑庙湖心亭",《中国商报》,1941 年 7 月 30 日,第 8 版。
④ 郑逸梅:"茶寮之回忆",载郑逸梅:《艺林旧事》,北方文艺出版社,2016 年,页126—127。

过当时的湖心亭玻璃窗仍旧
糊以窗户纸，呈现半透明的
状态，据其记载，"镶嵌着玻
璃（被安置在小方格内）的木
框架和阳光下不透明的白色
玻璃，使这座中式建筑的窗
户变得非常好看。当里面用
古老的灯芯草红蜡烛点亮
时，那样的光线一定是非常
漂亮的，古老的茶馆看起来
会像是一个巨大的灯笼"①。
镶嵌了玻璃窗的湖心亭成为
半透明的镜像之看（图 2—

图 2-6　《湖心亭》②

6)，给原本虚实相生的湖亭景观又蒙上了一层"幻境"，诚如麦克法兰
的灯笼之喻，湖心亭成了"巨大的灯笼"，这是玻璃窗所带来的未曾有
的"幻境"。

4. 比附之看

　　上文论及作为类别的湖心亭式的观看方式，豫园湖心亭与西湖湖
心亭具有同构性。历史文献中将豫园湖心亭比附西湖湖心亭的论述比
比皆是。有人感慨晨游豫园湖心亭，好似身处西湖湖心亭，"次早九时
许入豫园，渡九曲之桥，涉湖心亭……欢谈綦乐，而茗清意遐，不觉风生

---

　　① 〔英〕麦克法兰："上海县城：街道、寺庙、监狱以及园林"（1880），载麦克法兰等：
《上海租界及老城厢素描》，王健译，生活·读书·新知三联书店，2017 年，页 65。
　　② 图 2-6 见《上海园林　豫园》，上海文化出版社，1983 年。

两腋,仿佛在西子湖边,曲榭画栏间也"①。龙湫旧隐有竹枝词曰:"豫园花木未荒芜,九曲桥边似画图。一蠡湖心亭屹立,居然风景赛西湖。"②陆锡熊《湖心亭碑记》亦云:"一泓之池,视钱塘之西湖,曾不足以拟百一。然斯亭也,闳敞而清旷,实能罗园之景而致之几席。"③虽然此中言语不乏溢美之词,但足见游园者在水榭楼台的方寸间"移景""移情"于西湖的联想与想象。西湖湖心亭风景作为圣像(icon),不断闪现于游客的观看体验中,"邑庙也有一个湖心亭,在九曲桥侧,三面环水,景颇优雅——自然,你若要以较高的水准去衡量它或是以之与杭州西湖的湖心亭去比,是会失望的。不过我们若是把心上的水准提得低一点,或是并没有到过杭州西湖的湖心亭,那么,邑庙的湖心亭还是可以玩玩的"④。从某种程度上说,湖心亭的比附之看是以视觉感知为基点的比附,正如《西湖新志》论湖心亭观景的精辟之语:"居全湖中心,绕亭之外皆水,环水之外皆山,所谓'太虚一点'者,实踞全湖之胜。"⑤"湖心亭式的观看"居于视觉中心,得览全湖之胜;胜在环形敞视,尤生通感之看、镜像之看。

三、湖心亭的中西审美"视差"

豫园自上海开埠后声名就已远播海外。胡道静有言:"若夫东方

---

　①　徐碧波:"湖心亭早茶记",《联益之友》,1927 年第 37 期,页 2。

　②　方俊编:《百年上海滩》,上海滩杂志社,2005 年,页 257。

　③　上海博物馆图书资料室编:《上海碑刻资料选辑》,上海人民出版社,1980 年,页 22。

　④　灵芝:"忆邑庙湖心亭",《中国商报》,1941 年 7 月 30 日,第 8 版。

　⑤　刘然编:《名亭名桥》,蓝天出版社,1998 年,页 56。

造园之奇,誉弥人间。上海故有豫园,一邑之秀,声闻所及,西徂白金汉宫。"①梅花庵主也不惜笔力记述西人慕名造访豫园的啧叹,"泰西人亦慕其名,每逢星期时一行,为入方丈登蓬瀛,俗尘万斛廓清,一时啧啧心为倾,吁嗟乎,一时啧啧心为倾,前人百计费经营"②。可见在西人眼中,豫园之美主要在于建筑营造之妙,或者说是中式建筑对西人而言的异国情调。1880 年麦克法兰造访时不无夸张地设想,"这个由花草、树木、岩石、凉亭构成的安静的小园林如果能被移到水晶宫③(The Crystal Palace),肯定会引起极大的注意,它堆叠起来的假山就可以击败锡德纳姆(Sydenham)的任何东西"④。类似这样的描述见诸张若谷摘录的西班牙文学家伊本纳兹 20 世纪 20 年代游览湖心亭九曲桥的游记:"亭前有桥,不作直行,因为这样简单的样式不太合中国的趣味。桥身曲折作多角形,行程增长,更多奇观。我们所欲参观的目的物,就是这座茶亭和曲折的桥。在中国人的心目中,这个著名的建筑,等于是我们心目中的埃及金字塔,巴黎圣母堂,华盛顿的白宫一样。……这座老爷花园(笔者注:当时西人将豫园称为老爷花园)中的水亭为世界所公知,没有别的中国纪念物比它更出名的了。"张若谷认为这样的表述不免多了些浪漫主义色彩,"他的中国游记中,也犯了印象派的毛病,有许多地方是写得不尽的,他是始终竭力称赞中国荒废风景的美丽,把这个有

---

① 胡道静:"《豫园新咏》书后",载胡道静:《胡道静文集　序跋题记、学事杂忆》,上海人民出版社,2011 年,页 151。

② "豫园湖心亭",见梅花庵主:《申江胜景图说》卷上,载《国立北京大学中国民俗学会民俗丛书(第 4 辑第 78 卷)》(影印本),台北东方文化书局,1970 年,页 6。

③ 水晶宫是英国于 1851 年第一届世界博览会时建造的展馆,1852—1854 年移至肯特郡的锡德纳姆,1936 年毁于大火。

④ 〔英〕麦克法兰:"上海县城:街道、寺庙、监狱以及园林"(1880),载麦克法兰等:《上海租界及老城厢素描》,王健译,生活·读书·新知三联书店,2017 年,页 78—79。《申江胜景图说》亦即《申江时下胜景图说》,"时下"指 19 世纪 80 年代的上海,与麦克法兰游览豫园的时间相当。

三百多年历史的茶亭竟和三千年前的埃及金字塔并列为世界名物之一"①。豫园在当时为西人所盛赞除了其造型的"异国情调",还在于它是西人造访频率较高的游览地,是"乱中取静"的好去处,豫园承袭中国传统园林美学,有别于上海城市市井风貌,符合西方的花园式审美,"在园林里面,你看不到包围它的肮脏的城市,我们都认为无论如何它是值得参观的"②。

　　相比之下,国人对豫园的审美则强调它的"画意美","邑庙湖心亭,亦前明潘氏豫园遗址之一,轩窗四辟,在水中央。想见当时擅一园之胜。亭外小桥九曲,绕以疏阑,颇具画致"③;"池中萍荇密布,绿油一碧,虽无荷蕖绰约之姿。而曲桥回环,亦掩映饶有画意"④;"谈到亭,当然要推豫园湖心亭了,亭翼然而立,在水中央,有九曲桥可以通达,这九曲桥是水泥构成的,从前确是石桥,旁设木栏杆,饶有画意,池中植莲"⑤。以上三段引述所言之"画意"均强调九曲桥和湖心亭的建筑美,这也成为当时诸多文学家、画家笔下的题材。英国画家甘斯曾创作了湖心亭九曲桥的素描写生(图 2-7),黄文农创作了该题材的漫画,张乐平创作了剪影画,而湖心亭九曲桥的摄影作品更不胜枚举⑥。豫园成为中西方游客造访上海的重要场所,"海滨本无山,之以人力成。城中本无湖,有湖似天生。湖心有亭翼然峙,登高四望怡吾情,曲栏低檐

　　① 张若谷:"上海的湖心亭面面观",《良友》,1936 年 8 月号第 119 期,页 46。
　　② 〔英〕麦克法兰:"上海县城:街道、寺庙、监狱以及园林"(1880),载麦克法兰等:《上海租界及老城厢素描》,王健译,生活·读书·新知三联书店,2017 年,页 79。
　　③ 璧:"邑庙之湖心亭",《图画日报》,1909 年第 7 期,页 2。
　　④ 徐碧波:"湖心亭早茶记",《联益之友》,1927 年第 37 期,页 2。
　　⑤ 郑逸梅:"楼台亭阁在上海",载郑逸梅:《艺林旧事》,北方文艺出版社,2016 年,页152。
　　⑥ 相关作品参见张若谷:"上海的湖心亭面面观",《良友》,1936 年 8 月号第 119 期,页 46—47。

图2-7 《湖心亭》,〔英〕甘斯绘[1]

结构精,台榭东西相望衡,往来游客送复迎,百货罗列百技呈"[2]。

在中国传统园林建筑中,亭桥相连、湖亭相映是常见的布景,如苏州狮子林、西园寺都有湖心亭和九曲桥,只是在造景布局、空间位置上各有特色。例如狮子林的湖心亭是临水观瀑的绝佳景点,其"湖心亭是观瀑佳处,而它本身又在湖中占中心位置。当有人沿池绕行时,它始终成为视线的焦点"[3]。相比之下,豫园湖心亭和九曲桥因豫园和城隍庙的空间关系及屡次毁建的历史因素,生长出自己的特色:初建时的豫

① 图2-7见张若谷:"上海的湖心亭面面观",《良友》,1936年8月第119期,页46。
② "豫园湖心亭",见梅花庵主:《申江胜景图说》卷上,载《国立北京大学中国民俗学会民俗丛书(第4辑第78卷)》(影印本),台北东方文化书局,1970年,页6。
③ 杨学军编:《世界自然与文化遗产 中国》,延边大学出版社,2006年,页189。

园占地多达 70 余亩,"真是陆具涧岭洞壑之胜,水极岛滩梁渡之趣味,园门所题'人景壶天',毫不夸大"①;19 世纪的豫园湖心亭和九曲桥再难觅此胜景,它别具风味处在于它是融入了都市气息的园林,将城市风景纳入园林的观景视线中。对观者而言,这不啻为一种全新的视觉体验,"所留存下来的唯一胜景,是一条小湖。在流动的湖面,反映出周围建筑屋顶及角檐的倒影,是可以赏心悦目的"②。有人曾对豫园湖心亭和九曲桥的审美价值做了精妙概述:"上海豫园最出名的建筑当属九曲桥与湖心亭,这两座传统的中式建筑几乎就是为了审美而存在。艺术之美和趣味就在于曲里拐弯,一句话能说清楚的事要分成两句说;一篇文章才讲明白的事只用两个字就凑合了;或者干脆云里雾里地让你猜不透。假如你不能从九曲桥的曲折环绕中找到乐趣,那真是人生很大的不幸。"③

　　从某种程度上说,豫园"湖—亭—桥"是可繁可简、可虚可实的体验式景观,游者只有身处其中才能领会其中的妙处。因具身体验而产生的多义性是其"可读性"的进一步释义。凯文·林奇指出,意象的个性及结构特征与对象物的物质性有关,对象物还须具备可读性,亦即"可意象性"。他进一步解释,"即有形物体中蕴含的,对于任何观察者都很有可能唤起强烈意象的特性。形状、颜色或是布局都有助于创造个性生动、结构鲜明、高度实用的环境意象,这也可以称作'可读性',或是更高意义上的'可见性',物体不只是被看见,而且是清晰、强烈地被感知"④。也就是说,城市意象的可读性不仅在于"可见",还在于"可感知",豫园湖心亭正是具有丰富视觉语法的建筑、景点和地方,引导

---

① "上海通·花园概述",《文物周刊》,1948 年第 230 号第 41—80 期,页 5。
② 张若谷:"上海的湖心亭面面观",《良友》,1936 年 8 月号第 119 期,页 46。
③ 李磊:"九曲桥",载朱家健编:《文艺家》,上海人民出版社,2012 年,页 105。
④ 〔美〕凯文·林奇:《城市意象》,方益萍、何晓军译,华夏出版社,2001 年,页 7。

人们去观看、去"全景感知"。

沃尔夫冈·希弗尔布施(Wolfgang Schivelbusch)在描述铁路旅行带来的全新体验时,引入了"全景感知"的概念,并解释这是一种由速度所带来的"合成哲学","这是对于不连贯的、就像是在窗外滚过的东西的一种不加拣选的感知能力"。[1] 铁路旅行所看到全景是"没有明确指涉的全景",是"迅速的运动使得把握全体、获得总览成为可能"[2]的全景。但豫园湖心亭的全景感知有别于工业机器所建构的全景感知,它仍是基于建筑结构和传统文化的全景感知。如果从人与物的关系来看,湖心亭和火车都出自人工之营造,但两者相异的生产理念制造出不一样的视觉体验,如果说支撑火车全景感知的是主客二分的工业意识,那么成就湖心亭全景感知的则是天人合一的文化理念。从这个角度来说,豫园所浓缩、保留和凝结的传统文化属性,使其在上海城市的现代化进程中始终彰显出自身的"可读性"。

第二节　交往空间:豫园的地方经验与记忆

现在是重行盖屋作商营。可惜名园胜迹渐消磨。瞬息间变成烦嚣市场形,堪叹人世如沧桑。更换莫测愁煞人,实似浪生幻梦形。[3]

——葭庵主人,《豫园名胜》

① 〔德〕沃尔夫冈·希弗尔布施:《铁道之旅:19世纪空间与时间的工业化》,金毅译,上海人民出版社,2018年,页90。
② 〔德〕沃尔夫冈·希弗尔布施:《铁道之旅:19世纪空间与时间的工业化》,金毅译,上海人民出版社,2018年,页91。
③ 葭庵主人:"豫园名胜",《乐闻》,1935年第1卷第5期,页19。

　　这是葭庵主人于1935年所作《豫园名胜》中发出的豫园古是今非的慨叹,"更换莫测愁煞人,实似浪生幻梦形",豫园的胜迹消损,代之以浓厚的市井商业气(图2-8)。事实上,豫园从私家园林变成商肆林立的市井之地已有百余年历史。葭庵主人所慨叹的市井豫园早在道光年间就已具雏形,"道光之季,西兵盘踞,损坏甚多,乱平修葺,益见精胜,继而开放,众人游观。始有小贩入园为小本营生。初设地摊,继成店铺。此年以来,成为商场,凡百货集,几无隙地。名胜之区,成为闹市"①。自乾隆年间豫园改建时其商贸中心的格局已然成型,"清乾隆

图2-8 《GUIDE TO SHANGHAI:湖心亭茶馆》②

---

① 醉:"邑庙豫园大火记",《会报》,1928年第33期,页61。
② 图2-8见《声色画报》,1935年第1卷第2期,页19。

间,把豫园改建西园时,园的正中为三穗堂,堂北有万花深处、可乐轩、留春窝,西北便是萃秀堂,右拥大假山,堂东有烟水舫、绿杨春榭、得月楼、玉华堂、莲花厅,西首有凝辉阁、挹翠亭、船舫厅、绿荫轩,以及清芬堂、飞丹阁、香复阁、吟雪楼和堂前的大池。池上的高亭曲梁,胜景甚多,游人不绝,摊店林立,闲林已变成闹市了"[1]。到了 19 世纪后半叶,"闹市"之豫园已发展成熟,尤以 1855 年湖心亭开设茶楼为标志,形成了以"湖心亭茶楼"为中心的空间布局和空间经验,湖心亭茶楼也由此历经百余年成为现今上海最古之茶楼。

一、"国际的公众游览场"

如果从空间和地方的关系来看,湖心亭茶楼的可读性彰显其作为"地方"的属性,而以湖心亭茶楼为中心所形成的新风貌和新格局则尽显其作为"空间"的属性。段义孚指出"空间比地方更抽象","空间是允许运动的,那么地方就是暂停的"[2]。空间和地方是有差异的两个范畴,但可以相互定义。湖心亭茶楼的空间性集中体现为它引导并汇集了上海市内、周边及西方的民众,在人群的流动中建构起多重交往的空间,并在重塑人与环境关系的同时,重新定义自身。

豫园成为"国际的公众游览场",这一说法援引自张若谷 1936 年发表于《良友》的《上海的湖心亭面面观》。据载,"今日的豫园,除了封锁的点春堂和萃秀堂以外,其余园地都已辟为市场了,只有九曲桥和湖心亭,据说还是保存着旧址,不过从前的九曲桥是木栏石梁,如今完全

---

① "上海通·三园风光",《文物周刊》,1948 年第 230 号,页 5。
② 〔美〕段义孚:《空间与地方:经验的视角》,王志标译,中国人民大学出版社,2017年,页 4。

已改成为水门汀的了"①。豫园在清末已从私家园林变成了半开放的花园。所谓"半开放",一方面是指开放的范围,即东园和西园不常年对外开放,仅有湖心亭茶楼常年对外营业开放;另一方面是指开放的时间有所限定。在豫园被改建的历史过程中,湖心亭作为介于豫园和城隍庙之间的重要空间,既起联结作用也被重新定义。湖心亭原是私家园林豫园内的封闭空间,后豫园在屡次毁损重建中,湖心亭被构筑成具有经营性质的开放空间,同时随着豫园被归为城隍庙西园,湖心亭也从"豫园湖心亭"转变成"邑庙湖心亭",亦称"上海邑庙后花园九曲桥湖心亭"②,有记载曰"十九世纪初叶,即清嘉庆间,豫园已经荒废,县民集资构得,归入城隍庙,辟为西园"③,豫园由此也换了"头衔"成了"邑庙豫园",有记载称"上海之邑庙豫园,仿佛南京之夫子庙,苏州之玄妙观,包罗万象,实一旧式之民众乐园"④。

"旧式之民众乐园"与"国际的公众游览场"互文现义,均指向了豫园的公众性、开放性和娱乐性;"国际的公众游览场"还强调了豫园的视觉性。不过这里的豫园是空间范畴,泛指在原豫园旧址上发展起来的东西园周边和邑庙周边区域,这里成为华界商业最繁盛、人口最密集的空间。"歇浦巨贾,初来沪上,皆欲争相一观邑庙为快。故庙内人山江边商业之起源点也。至若内地乡曲士绅,以至洋商入海,拥挤非凡,大有山阴道上之概。故万商皆设肆而云集,而商业以因之而复杂。"⑤

作为交往空间的豫园,是怎样的空间? 汇集了哪些人? 其交往的

---

① 张若谷:"上海的湖心亭面面观",《良友》,1936 年 8 月号第 119 期,页 46。
② "上海邑庙后花园九曲桥湖心亭图(照片)",《画图新报》,1905 年第 26 卷第 5 期,页 2。
③ "上海通·花园概述",《文物周刊》,1948 年第 230 号,页 5。
④ 臙脂:"邑庙豫园小志",《大亚画报》,1933 年第 361 期,页 2。
⑤ 黄组方:"邑庙豫园商店营业种类及统计",《中华职业学校职业市月刊》,1927 年第 10 期,页 34—35。

方式有何特色呢？一份有关邑庙豫园商店营业种类的统计报告展现了彼时"万商云集"的全貌。

　　　　邑庙商店共二百八十二户（摆摊不在内）：乌龙 25 户，骨牌 24
　　户，书画 19 户，古玩 16 户，刻字 14 户，木梳、铜器各 12 户，茶楼 9
　　户，烟杆、铅画、车床各 8 户，杂货、星相各 7 户，镶牙、照相各 6 户，
　　首饰、算盘、点心、象牙各 5 户，鸟食、料器、锦泰窑各 4 户，面店、耍
　　货、酒酿、洋镜、京广杂货、香烛、住宅、陶器、书各 3 户。花草、刻
　　石、牌店、烟纸、洋广杂货、骨货、素面店、铁丝、乐具、成佛、道院各
　　2 户；铜作、面店茶楼、眼镜、雕刻作、牙牌店、铅皮、碗店、金鱼、圆
　　盘、书坊、泥金作、包饭作、理发、车玻璃、茶会、戏法、裱画、洋货、刻
　　作、车店各 1 户。综上观之，庙中营业可分为 62 种。①

　　同时期的《城隍庙的写生》②对商户运营状况做了细致描绘，其中拆字摊、象棋摊、书摊、西洋镜、鸟肆、茶楼都是人群聚集之地。

　　　　拆字摊——"拆字摊尤为城隍庙之特殊点缀，能知过去未来，
　　灵不灵当场试验，准不准过后方知，神仙也。"
　　　　象棋摊——"每局两角，观棋不语真君子，落手无悔大丈夫。"
　　　　书摊——"旧书摊亦有诸子集成，经书子集等书出售，游者至
　　此必翻译群集，不啻一街头之图书馆。"
　　　　西洋镜——"山东西洋镜，亦城隍庙风景之一，类似连环图

---

　　①　黄组方："邑庙豫园商店营业种类及统计"，《中华职业学校职业市月刊》，1927 年第 10 期，页 35—36。
　　②　李世芳、薛志英："城隍庙的写生"，《现象》，1935 年第 12 期，页 19。

画、纸画片十二三帧,可以铜元三枚而窥之。"

　　鸟肆——"城隍庙之一隅,鸟肆毗接,举凡珍异鸟类,均可于此处得之,亦一般闲手者为老主顾也。"

　　在这些空间中,人们观看的目光交汇聚集,可能是凝视或瞥视,也可能是旁观或关注,这都取决于商品对游人的吸引力,以及经营项目的特征。同时在这些充满观看的空间中,人与人之间的交流开始形成,有的交流需要言语为中介,如讨价还价的买卖关系,谈论养鸟心得、品评书籍优劣的私话关系,有的交流则无须言语为中介,如"观棋不语真君子"所有的交流都在棋子上。

　　除了具有固定场所的商业性交往空间外,还有流动性的娱乐和表演空间,在湖心亭的东西两侧都有流动性表演。"在湖的东岸,靠近一座小庙的地方有群人,从他们的肩膀上望过去,我们可以看到吸引他们的是掷骰子;但是旁边有更多的一群人正围着两个在来回跑动的杂耍演员,这两个人肯定准备展示一些杂技,包括翻跟斗,向空中抛接东西,或者是其他骗人的把戏。"[1]相较于湖东的娱乐,麦克法兰认为湖西更有乐趣,"向导在前面领路,我们认为已经领略了中国集市中所有有趣的东西,但我们错了,他把我们带到了另一个花园,就在茶馆和湖泊往西一点点路,那里确实有之前没有见过的景象。生意和欢乐在这里得到了结合"[2]。他详细描绘了这个集市所汇集的鸟市、玩具摊、书摊,以及他前所未见的流动的食摊,"那些流动的厨师可能也会在那儿待一

---

　　① 〔英〕麦克法兰:"上海县城:街道、寺庙、监狱以及园林"(1880),载麦克法兰等:《上海租界及老城厢素描》,王健译,生活·读书·新知三联书店,2017年,页65。
　　② 〔英〕麦克法兰:"上海县城:街道、寺庙、监狱以及园林"(1880),载麦克法兰等:《上海租界及老城厢素描》,王健译,生活·读书·新知三联书店,2017年,页66。

会儿,给饥肠辘辘的游人提供饮食,接着又挑着他的食摊去另外的地方"①。

在这样一个视觉性饱满的空间中,表演性的娱乐项目尤其能够聚集大量凝视的目光,"在广场的另一边也有两三群人正在看杂技表演,其中的一处有四个表演者,但他们除了把脚高高踢起,用手碰到脚尖外,什么也做不了。另一个老人正在敲锣,试图调动气氛,他把六七条长凳摆成一个方形,以方便那些照顾他生意的人。凳子上差不多都已经坐满了人,老头儿敲着他的锣前后走动,但没有一点迹象表明接下来有什么表演"②。

麦克法兰以他者的眼光洞悉了豫园中交往和娱乐的特点:很多人只是热衷于"免费地看",看公开的表演,看公开的热闹,"他们看起来至少在当时都玩得很开心,坐在那里用很长的竹制烟斗吸着烟,除了重新填满烟斗,使劲地吸上几口,没有什么事情可以吸引他们的注意力"③。他尤其注意到无论是湖东还是湖西的街头表演,虽围观者众多,但如果要付费,观众就会马上离开,"这些人坐在这里不是为了花钱,我们猜想如果表演者要求他们为自己的付出做一点点微薄的贡献,或是帮助一下他的家庭,他们都会马上离开,去看其他的公开表演。……他们都是穷苦阶层,或许是苦力"④。可以说在豫园中充盈着以热闹为背景的交往关系,很多底层民众尽情享受这一空间的开放性

① 〔英〕麦克法兰:"上海县城:街道、寺庙、监狱以及园林"(1880),载麦克法兰等:《上海租界及老城厢素描》,王健译,生活·读书·新知三联书店,2017年,页67。
② 〔英〕麦克法兰:"上海县城:街道、寺庙、监狱以及园林"(1880),载麦克法兰等:《上海租界及老城厢素描》,王健译,生活·读书·新知三联书店,2017年,页67。
③ 〔英〕麦克法兰:"上海县城:街道、寺庙、监狱以及园林"(1880),载麦克法兰等:《上海租界及老城厢素描》,王健译,生活·读书·新知三联书店,2017年,页67。
④ 〔英〕麦克法兰:"上海县城:街道、寺庙、监狱以及园林"(1880),载麦克法兰等:《上海租界及老城厢素描》,王健译,生活·读书·新知三联书店,2017年,页67。

和公开性,而无须介入到花钱买热闹的交往关系中,而那些苦力亦有可能伺机等待进入出卖劳动力的交往关系中。

　　照片《三十年前之湖心亭 & 今日之湖心亭》(图 2-9)再现了邑庙豫园人流如织的热闹场面,这里聚集了各阶层、各地域、各国籍的人,正所谓"庙之左右,商肆邻里,来此往彼,诸色人等均有,租界区域内之最热闹处所,亦不过如此"①。除了外地游客来此游玩,这里也是本地人

图 2-9　《三十年前之湖心亭 & 今日之湖心亭》②

---

①　李世芳、薛志英:"城隍庙的写生",《现象》,1935 年第 12 期,页 19。
②　图 2-9 见张若谷:"上海的湖心亭面面观",《良友》,1936 年 8 月第 119 期,页 46。

休闲的场所,"江浙二省之人来上海者,莫不以一挤城隍庙之热闹为快,即本土人也,暇时均亦闲步城隍庙里以游乐"①。平日里来此闲暇的以有闲者居多,"栖息城隍庙,男性多属三教九流之类,女性乃三姑六婆之流,来来往往者,无非均有闲阶级之辈";若论时节,则因毗邻城隍庙以庙会时人最拥挤,"每届废历初一月半之际,城隍庙香火之盛,甲于全埠庙市,其来进香者也,以女性为大宗……故每岁之三节,必举行城隍会一次,城隍会之仗仪威风,人口挤塞,尤为上海都市所罕见"②。

　　豫园的街头娱乐表演成了流动且动态的风景,清末年画《豫园把戏图》(图 2-10)③以密集拼凑的方式尽现了"国际的公众游览场"的风貌。画面描绘了走索、顶碗、杂耍等中国传统把戏,人物的装扮和动作惟妙惟肖,尤其是围观表演的人群,老少妇孺、贩夫走卒、达官贵人皆有。值得注意的是,画面背景正是湖心亭—九曲桥景观,它一方面以"可读性"景观说明了把戏上演的地点为豫园,另一方面印证了邑庙豫园以湖心亭作为视觉中心和观看视点的惯习。摄于 19 世纪 70 年代的照片《豫园》(图 2-11)也以湖心亭为视点捕捉到了流动风景的一角。《豫园把戏图》没有采用焦点透视法,而是将观看杂耍的地点与杂耍本身如同皮影一般并置叠加在一起,湖心亭—九曲桥既是背景,也是识别豫园的标志,更是豫园空间中的观看中心。

---

① 李世芳、薛志英:"城隍庙的写生",《现象》,1935 年第 12 期,页 19。
② 李世芳、薛志英:"城隍庙的写生",《现象》,1935 年第 12 期,页 19。
③ 《豫园把戏图》为上海的小校场年画,其特点是以社会空间为题材,描绘洋场胜景、新生事物、时事新闻等。(参见严洁琼:"小校场年画中的清末海上娱乐画卷",《苏州工艺美术职业技术学院学报》,2018 年第 1 期,页 59)梁庄爱论认为这幅《豫园把戏图》木刻原版由点石斋画报主笔吴友如所构设。(参见梁庄爱论:"19 世纪末印刷媒介中的传统娱乐活动",马红旗译,载冯骥才编:《年画研究(2015 秋)》,文化艺术出版社,2015 年,页 101)

图2-10 《豫园把戏图》(清小校场年画)①

图2-11 《豫园》(19世纪70年代)②

---

① 图2-10见梁庄爱论:"19世纪末印刷媒介中的传统娱乐活动",马红旗译,载冯骥才主编:《年画研究(2015秋)》,文化艺术出版社,2015年,页101。

② 图2-11见张晴编:《土地·人民·岁月》,上海人民美术出版社,2011年,页14。

二、湖心亭茶楼的交往性

如果说湖心亭是豫园空间中的绝佳观景点,那么作为交往空间的湖心亭聚集着怎样的人? 什么样的交往活动和交往行为在这里"上演"? 为什么人们会把湖心亭作为交往空间的优先选择呢?

自湖心亭茶楼开设之时,邑庙内的茶楼一家接一家竞相开设:

> 自园址改建邑庙后,此亭由茗肆主赁作茶寮。凡具卢陆辩者,皆喜往游。盖邑庙茶楼独多,玉泉轩(现名春风得意楼)、鹤亭(现名松鹤楼)等拱其前。桂花厅、绿波廊、迴迴楼(现名第一楼)等环其后。四美轩、群玉楼等当其左,凝晖阁、鹤汀船舫厅(现名船舫得月楼)等居其右。①

而邑庙外的茶楼更甚:

> 曾几何时,世变沧桑而丽水台则已为平屋矣! 今则四马路之一层楼,万华楼、升平楼、菁华楼、乐心楼更驾而上之,而五层楼更为杰出。……若夫石路则有百花锦绣楼,宝善街则有阳春烟雨楼,大马路则有五云日升楼,黄浦滩则有天地一家春,城中庙园则有湖心亭、得意楼,或高阁临风,或疏窗映水,亦无不器具明洁,清光璀灿。至于松风阁以茶胜,一壶春、载春园以地胜,广东之怡珍同芳

---

① 璧:"邑庙之湖心亭",《图画日报》,1909 年第 7 期,页 2。

居以装潢胜,此皆别地所无者。①

据 1928 年《老上海三十年闻见录》记载,"二十年前上海英租界茶馆先后开设 66 家,其中福州路 16 家,广州路 12 家"②,"民国七年大约是该园茶馆全盛的时候,据是年上海指南载,园内茶馆共有十四家,牌号为:湖心亭,前四美轩,后四美轩,第一楼,春江听雨楼,规划厅,鹤园,西园访鹤楼,群玉楼,乐圃阆,春风得意楼,雅叙楼,赏乐楼,里园茶楼"③。

从空间距离来看,离湖心亭茶楼最近者是春风得意楼,因此在时人的论述中,常以两者作比。两者形成竞争之势,但所聚茶客有所差异:

> 上海城隍庙的后花园里,有两家出名的茶馆,一家是"春风得意楼",一家是"九曲桥湖心亭"……年轻的人,都喜欢去得意楼去……这里的茶客,多半是摩登少爷,洋行小鬼,有时也有年轻的太太、小姐,但是和南京路上的新雅或大东茶室相比起来,却是不可同日而语了。至于湖心亭的主顾,多半是住在城隍庙附近的老茶客,他们都是风雨无阻每天必到的忠实的主顾,他们差不多都有固定的座位和各人自备的宜兴土制老茶壶。④

> 湖心亭为茶室,茶客终年拥挤,一般中年以上之有闲者,群趋湖心亭茶室品茗,谓之"喝班茶"。钱可以不挣,而班茶不可不喝。⑤

---

① 池志澂:《沪游梦影》,胡珠生标点,上海古籍出版社,1989 年,页 159。
② 刘善龄、刘文茵:《画说上海生活细节(清末卷)》,学林出版社,2017 年,页 75。
③ "上海通·豫园",《文物周刊》,1948 年第 230 号,页 5。
④ 张若谷:"上海的湖心亭面面观",《良友》,1936 年 8 月号第 119 期,页 47。
⑤ 李世芳、薛志英:"城隍庙的写生",《现象》,1935 年第 12 期,页 19。

　　茶客各异，在湖心亭的体验也有别，有感伤怀旧的，有慨叹赞美的。不少茶客感慨湖心亭茶楼地处市集，过于喧闹嘈杂，"惜园内竟设茗馆及各色店铺，竟成市集。凡山人墨客及江湖杂技，皆托足其中，迥非昔时布置，未免喧嗔嘈杂耳"①。由于湖心亭—九曲桥是为数不多在豫园原址上保留下来的建筑和开放式景点，它也成为建园者潘家后人凭吊感怀的场所，"如今湖心亭茶店里，还有一位潘氏后裔，他天天在那边品茗，据说风雨无阻的五十年，他是将近七十岁的高龄了，有人称他潘老头，有人称他潘老丈……谈锋及于豫园，他就感慨着这座偌大园林，原来是咱们姓潘的私产，言下有老泪纵横之慨"②，潘老也曾自己撰文发沧桑变迁之叹，"宅之西有花园曰豫园（今属城隍庙）为吾祖充庵公构以娱亲者，亭台池石，备极壮丽，为上邑园林之冠军。时吾年尚稚，故吾父为此言，并无沧桑变迁之戚然，而吾父为吾道此事时，度必心伤极矣"③。张若谷游湖心亭有着截然不同的感受，他感慨豫园的开放性，"湖心亭呀！你该受古今中外人士一致的赞美"④，因为他切身体会到在湖心亭茶楼喝茶的怡然自得：

　　　　天气热的时候，一个人闲着无事，到湖心亭的楼上，在靠近湖的窗口，拣一个座位，俯眺九曲桥上来往不息的游人，也是一种消遣的方法。在东西两架九曲桥上，各色人物都有，尽可以供给你当作观察上海社会的活动材料。有闲的小商店老板，手里提了鸟笼，在桥上展览他的心爱的金雀儿；烧香的老太太、少奶奶，来

　　①　葛元熙："邑庙东西园"，载葛元熙：《沪游杂记》，郑祖安点校，上海古籍出版社，1989年，页4。
　　②　延老："湖心亭的茶客潘老丈"，《快活林》，1946年第40期，页4。
　　③　潘毅华："构造上海豫园之先祖"，《礼拜六》，1921年第102期，页59。
　　④　张若谷："上海的湖心亭面面观"，《良友》，1936年8月号第119期，页47。

探望湖上放生的鲤鱼,她们都说"九曲桥地下的鱼,比松州玉泉的来得写意";小孩子们围在桥口,看大小乌龟们在湖边晒太阳;小贩们在桥的每一个转角,兜卖眼镜,扇子,香烟咬嘴,陈皮梅,西瓜子;蓝眼睛黄头发的外国人,拿了照相机,东一张,西一张拍取湖心亭的风景;穿洋装的黄脸黑眼日本人,神气活现,摇摇摆摆在人堆里舞着手杖,说着不伦不类的上海话,和小贩们还价买东西。[①]

张若谷栩栩如生地描绘了来湖心亭消遣的价值,在他看来,湖心亭不仅仅是民众闲散消遣之地,它还形塑了丰富多彩的社会生活史。而这一切都离不开湖心亭从豫园中划归出来后的开放性。

茶楼以煮茶品茗为业,但 1880 年前后旅居上海的池志澂直言,沪上茶室不在茶,而在"游观"和"酬应","夫别处茶室之设不过涤烦解渴,聚语消闲,而沪上为宾主酬应之区、士女游观之所,每茶一盏不过二三十钱,而可以亲承款洽,近挹丰神,实为生平艳福。昔欧阳公云:'醉翁之意不在酒。'而沪上之饮茶亦不在茶。此茶室也,亦游沪者必有事也"[②]。池志澂此言亦直指茶室作为交往空间的社会性。与邑庙内外的茶室相比,湖心亭的社交空间以何取胜呢? 其一,茶价低廉,平民亲民。"这里地方狭窄,但是茶价却非常低廉。楼下早茶、午茶一律取铜元十一枚。楼上早茶一百十文,午茶一百五十文。湖心亭的茶客,比起得意楼要平民化很多。"[③]湖心亭茶楼分上下两层、内外两堂,楼上的茶金比楼下贵,内堂茶金比外堂贵,下午茶金比上午贵,"亭中设茗座,以

①　张若谷:"上海的湖心亭面面观",《良友》,1936 年 8 月号第 119 期,页 47。
②　池志澂:《沪游梦影》,胡珠生标点,上海古籍出版社,1989 年,页 159。
③　张若谷:"上海的湖心亭面面观",《良友》,1936 年 8 月号第 119 期,页 47。

容佳茗,而取资又廉,是故近邻之有同羽癖者,罔不趋领朝趣"①。到了
20世纪中叶,"茶,一壶五千元,比百乐门一杯茶十五万便宜得多了吧!
租小报一份一千元! 二份二千元! 点心之类一万元,算一算,多少钱!
比购电影合算吗? 而且又可以多增进一些对下层社会的认识"②。其
二,闹中取静,乱中取定。湖心亭茶楼在邑庙豫园的独特地理位置,使
其相较于租界内的茶馆多了份安静和简单,"冷落城中古豫园,湖心亭
畔水潺潺。无多茶客凭阑望,不见满城车马喧"③。同时湖心亭茶楼也
少了莺莺燕燕之扰,如"更上一层楼""青莲阁茶楼""五层茶楼"这些茶
楼兼具妓馆、烟馆的功能,"其装饰纸华丽,楼台之峻高,独称巨擘无过
于斯,至晚间八九下钟为野鸡妓聚集之所,寻花问柳者大都于此问
津"④。有些茶客甚至认为在湖心亭里阅读诲淫诲盗的读物也极为不
妥,"如果你嫌寂寞,可以向租报的租几份小型报解解闷,诲淫小说也
有,不过我以为在湖心亭读淫书,未免有些那个"⑤。其三,"国际的公
众游览场",海上茗楼。尽管在国人看来游湖心亭茶楼不在茶,但对西
人来说,湖心亭的历史远久于湖心亭茶楼的历史,但湖心亭茶楼以最古
之茶楼闻名,所以自19世纪后半叶以来,这里就成为西人观瞻品茗体
会中国特色的地方,"不时也有世界游历团中的外国游客,和观光中华
的'友邦'人士,到这座有三百多年历史的茶亭里,品尝中国香茗"⑥。
1935年《声色画报》刊载了湖心亭茶馆(A Restaurant Pavilion)的照片,
将它作为上海老城厢的标志性景点,并称很多新来上海的外国人径直

① 徐碧波:"湖心亭早茶记",《联益之友》,1927年第37期,页2。
② 西门咸:"湖心亭吃茶之风味",《时事新报晚刊》,1948年1月11日,第3版。
③ 碧:"上海新年之现象:游花园",《图画日报》,1910年第182期,页7。
④ "豫园湖心亭",见梅花庵主:《申江胜景图说》卷上,载《国立北京大学中国民俗学
会民俗丛书(第4辑第78号)》(影印本),台北东方文化书局,1970年,页2。
⑤ 西门咸:"湖心亭吃茶之风味",《时事新报晚刊》,1948年1月11日,第3版。
⑥ 张若谷:"上海的湖心亭面面观",《良友》,1936年8月号第119期,页47。

到这里一窥本地"特色"。① 据张若谷记载,"在湖心亭的墙壁上,有一张英文的茶价招牌,写明他们备有特别茶一种(所谓特别茶即拣上等的茶叶,渗进了糖精),每客大洋三角。这是优待外宾的一种表示"②。时至今日,湖心亭仍然作为上海为数不多的有中国传统特色的景点被推介,并上升为表征上海形象并具有国际交流意义的重要空间,"当年英国女王伊丽莎白二世和美国前总统克林顿都曾在此小坐,欣赏独特的茶楼文化"③。如果细究豫园湖心亭的历史,湖心亭茶楼之茶更像是第一层符号系统的能指,引导人们去观想湖心亭建筑空间所表征的中国文化。

湖心亭中的交往多在熟人、友人之间展开,湖心亭成为他们聚会的地点,茶客有的来此切磋技艺,"上海象棋名家荟萃之所,首推凌云阁,次即湖心亭,湖心亭环境优美,象棋同志,为观摩棋艺,率乐趋之,泡茶一壶,悠然出神,不觉日影之移也"④;有的交流学习,"我们同道的一班书画家,在南市的,大都集在亭中,品茗谈艺,很自优游快适哩"⑤;有的叙旧漫谈八卦,弘农饶有兴致地记述了他和友人在邑庙湖心亭小聚时,友人讲某小开为名妓挥金如土的轶事,"余等盖择一空桌而坐,友曰母少安噪,静听彼等二人之清谈"⑥。由于湖心亭人来人往、鱼龙混杂,也成为敲诈勒索案发生的交接点,据载,鸥某"接得匪徒投递之恐吓信一

① "GUIDE TO SHANGHAI:2. CHINESE CITY:湖心亭茶馆",《声色画报》,1935年第1卷第2期,页19。

② 张若谷:"上海的湖心亭面面观",《良友》,1936年8月号第119期,页47。

③ "豫园雅韵",载何志范编:《景区导游与旅游文化(英汉对照)》,上海交通大学出版社,2012年,页301。

④ 漫郎:"湖心亭里·茶香扑鼻",《力报》,1948年9月14日,第3版。

⑤ 郑逸梅:"楼台亭阁在上海",载郑逸梅:《艺林旧事》,北方文艺出版社,2016年,页152—153。

⑥ 弘农:"湖心亭内速记:某小开挥金如土　群芳大交花运",《阿要窝心》,1927年5月13日,第3版。

封,希图索诈洋三千元,并云须于翌日下午三时至四时,遣人在城隍庙湖心亭等候,以胸佩七星旗徽章、手持报纸为标记,自有人来接洽等词",鸥某派人前往交接,并报告虹口捕房。双方在邑庙对上信号后,"遂邀往茶馆谈判,致为中西探等拘获"。① 不过湖心亭也"上演"过接头失败,敲诈者未现身的案子,"约于二十六日下午二时,在城内邑庙湖心亭茶馆内交款,嘱将款包以黑布、成小方形,置茶桌上,自有人来取。厂主人乃持信报告捕房。昨日午后,探员梁成玉暗中会同城内公安局巡警,照信中所说,如法炮制,至湖心亭候匪,迄至傍晚,未见人来"②。

可见作为交往空间的湖心亭,汇集了不同身份、不同目的、不同角色的人,他们在此喝茶、观景、怡情并上演了各式各样的"戏",湖心亭空间既成为信息汇集、情感交流的场所,也成为社会活动、外事活动的空间。

三、豫园集会的社交性

如果从社交空间的开放性和公开性来说,邑庙固定商户和街头表演的社交空间是完全开放且平民化的;湖心亭茶楼以茶金为准入的社交空间为有条件的开放;邑庙豫园内还有一类社交空间不同于前两者,却介于两者之间,即豫园的集会空间。它一般设在豫园内园即东园内,集会空间设置了时间准入制,"内园亦名东园……平日园扉双闭,谢绝

---

① "湖心亭上接洽巨款　同乡人吓诈候再调查同党",《时报》,1928 年 6 月 7 日,第6 版。
② "湖心亭上储款以待　为何爽约不到?",《时报》,1928 年 6 月 27 日,第 6 版。

游人,惟令节及兰花、菊花等会一启焉"①,兰花会和菊花会是豫园集会的惯常形式,即豫园花会。

豫园花会是豫园的传统项目,清末豫园重建之后就定期举办花会,其中尤以兰花会、菊花会为甚。花会举办的时间一般为节假日和花令时节,"沪城邑庙豫园之内园(城隍庙的寝殿在内园),每年于立夏节边盛设蕙兰会三日,借娱神而兼角胜也,裙屐联翩,游人如织"②。兰花会陈列兰蕙的地方很有讲究,"二月在船舫厅者为兰,三月在内园者为蕙。届期各莳植家以佳种入会,棐几湘帘、磁盆竹格,陈设幽雅,游赏者甚众"③。菊花会通常设在萃秀堂,"目眩神摇,令人心醉,微风过处,又有清香沁人心脾,不减陶彭泽东篱风味也"④,除了各式各样的菊花陈列,还有赛菊花的比赛,"上海豫园内之萃秀堂,每届重阳前后赌赛菊花,有陶彭泽癖者,种得善本辄移置其中,争妍斗胜,高高下下,安插得宜不下数十百种"⑤。

除了豫园花会,还有一种设置在内园的豫园集会即豫园书画会。两者最大的差别在于观赏对象不同,一者看花,一者看画。这势必造成观看人群的差异。豫园书画会既是一个固定组织的名称,也是该组织在豫园举办活动的名称,豫园书画会亦称豫园书画善会,创办于清宣统元年(1909),最初由海派画家高邕、杨逸、吴昌硕等发起,后汇集钱慧安、蒲华、杨伯润、王一亭、张善孖等近百人。该会以豫园得月楼为会所,定期举办书画义卖慈善活动,作品所售钱款一半归作者,一半捐善会用于济灾,"以会员合作之作品,售得润资,提取一半,助充善举,素

① 璧、孙兰荪:"上海之建筑(五)内园",《图画日报》,1910年第5期,页2。
② "雅集名蕙",《点石斋画报》,1884年第2期,页2—3。
③ 葛元熙:"邑兰花会",载葛元熙:《沪游杂记》,上海古籍出版社,1989年,页8。
④ 葛元熙:"邑兰花会",载葛元熙:《沪游杂记》,上海古籍出版社,1989年,页8。
⑤ "豫园赏菊",《点石斋画报》,1891年第37期。

为社会人士所称道"①。同豫园花会类似，书画会展览的作品均采用征集制，向沪上及海外书画家征集作品，"征求海内书画名家精品数千件，择于星期日及阳历元旦，陈列于邑庙豫园之书画善会，任人参观，不售门票，更有裱成无数佳作，平价出售云"②。由于不收门票，前去看展的人也不在少数，"一时马车往来，观者如云，该会于十点拈赠书画至三时"③。由于品鉴书画的准入门槛高于花卉，豫园书画会采用赠画的形式招揽受众，"兹闻有展览扇面之举，已征集名人写作甚多，任人选购，并闻购满十元者，另有精美书画奉赠，定于今日开幕，每日上午九时起，下午六时止，任人参观"④。

　　不论是豫园花会还是豫园书画会，豫园集会的交往空间都存在着丰富的观看关系和交往行为。豫园集会本身是具有同仁性质的集会，集会中所展示和观看的对象如花卉和书画皆来自有共同爱好且擅长此道之人，他们成为豫园集会社交空间最核心的部分，既展示个人作品，也与同仁切磋学习。另一种交往关系来自此类集会的同道中人，他们懂花懂画，彼此品评，"三五清谈茶当酒，陶然不管日横斜"⑤，或亦社成员来豫园赏菊，"满园风雨集嘉宾，觅句敲诗酒百巡"⑥。豫园集会交往空间中也有买卖关系，尤其是豫园书画会以各种方式激发观者的购买行为，"各项作品，皆标低价出售，以作善举之基金，连日购者甚为踊

①　"豫园书画善会廿周纪念"，《新闻报》，1928 年 8 月 13 日，第 15 版。
②　"豫园内之书画会"，《新闻报》，1922 年 12 月 30 日，第 10 版。
③　"豫园书画会之报告"，《新闻报》，1913 年 3 月 24 日，第 10 版。
④　"豫园书画会扇展开幕"，《新闻报》，1935 年 6 月 15 日，第 14 版。
⑤　竹庵："诗：豫园茶楼看菊次南湖外史伯润杨君原韵"，《上海》，1915 年第 1 卷第 1 期，页 56。
⑥　廉逊："亦社赏菊雅集豫园即事"，《亦社》，1921 年第 4 卷第 1 期，页 2。

跃"①;豫园花会,"爱者以重值购之,甚至一花值数十金"②。相较于豫园书画会的组织性,豫园花会的社交关系更松散多样,来花会凑热闹的不在少数,"那天的人士如此之多,以至于根本不可能看清楚这个地方。许多石拱门下的小路、小桥以及花岗岩的台阶上,都挤满了身穿蓝布衣或绸布衣的中国人,每人手里都拿着扇子,每个人都在兴奋地说话"③。不论花会还是书画会,由于集会设置在内园,且时间有限,不售门票,滋生出具有"偷窥性"的视觉性。很多民众来看花会或书画会,并非意在花或画,而是想一窥豫园内园的究竟,麦克法兰就敏锐地注意到:"观展人群中的绝大多数对于植物学一无所知,只是出于好奇,因为他们每年只能来一次。"④豫园内园的交往空间让观者赏心悦目,正所谓"最堪称胜处,曲径引人来。蕞尔一隅地,回环百折程。是谁抽妙绪,引我作纤行。坐井天犹小,虚壤芥亦京。窥园休讶小,大可寄幽情"⑤。设在豫园内园的集会并非仅有花会和书画会,对于一些社团成员或同人来说,他们自行举办的豫园雅集是他们惯有的社交方式,其交往行为更风雅,吟诗作赋,文墨诗酒皆可,"客乃弈棋于亭,垂钓于池,凭栏而歌,把盏而酌,虽无丝竹管弦之盛,而诗歌吟咏亦足畅叙幽情,洵可乐也"⑥。

从空间范围来说,湖心亭、邑庙空地、内园是豫园里三个不同的并存空间,它们虽然空间属性、交往关系各有差异,但它们具有相似的

---

① "豫园书画善会廿周纪念",《新闻报》,1928 年 8 月 13 日,第 15 版。
② 葛元煦:"邑兰花会",载葛元煦:《沪游杂记》,上海古籍出版社,1989 年,页 8。
③ 〔英〕麦克法兰:"上海县城:街道、寺庙、监狱以及园林"(1880),载麦克法兰等:《上海租界及老城厢素描》,王健译,生活·读书·新知三联书店,2017 年,页 77。
④ 〔英〕麦克法兰:"上海县城:街道、寺庙、监狱以及园林"(1880),载麦克法兰等:《上海租界及老城厢素描》,王健译,生活·读书·新知三联书店,2017 年,页 76。
⑤ 胡叙五:"内园题咏集·内园两律",《钱业月报》,1936 年第 16 卷第 3 期,页 56。
⑥ 严直南:"豫园雅集序",《日新杂志》,1918 年第 3 期,页 6—7。

"国粹性"。"盖城隍庙之风景，与华洋杂处之租界不同，举凡城隍庙之所见者，除舶来品之玩具日用器皿外，大都国粹色彩。"[1]除此之外，湖心亭和内园的中式园林建筑，煮茶品茗的百姓日常，仅展中国书画的豫园书画会，这都是"国粹性"的象征。这一国粹性成为豫园有别于其他空间的特殊性，保留并承传至今，无怪乎熊月之称上海是"万国花园博览会"，豫园的特色就在于"古香古色"[2]。这是豫园自我"生长"的结果，所谓"生长"源于豫园的开放性，它由三重空间构成有差序的开放性，这种开放性亦即上文所述的"旧式之民众乐园"与"国际的公众游览场"。可以说豫园不是愉悦老亲之园，而是"豫众园"，正如时人感慨："孟子曰乐民之乐者，民亦乐其乐；忧民之忧者，民亦忧其忧。潘公筑园，不据为己有，而施诸邑庙与民同乐，故不待其子孙世守而民与守焉，此园之百世不毁，亦园之所以名豫者也，岂不盛哉。"[3]

第三节　"意象"媒介：豫园与上海地方性

沪上花园向以邑庙东、西园为最，继之者静安寺之申园、西园，近则独盛于徐、愚、张三园矣。……盖张园也、愚园也、豫园也、西园也，或奇丽，或淡雅，或疏落，或阔大，江湖之意、山林之气、京洛

---

① 李世芳、薛志英："城隍庙的写生"，《现象》，1935 年第 12 期，页 19。
② 熊月之："序"，载沈寂、史齐编：《花园里的上海世界》，上海辞书出版社，2010 年，页 1。
③ 严直南："豫园雅集序"，《日新杂志》，1918 年第 3 期，页 6—7。

之态、吴蜀之华,诸园无不悉备。①

　　成书于 1893 年的《沪游梦影》记录了彼时上海花园的格局,虽然在随后的半个世纪里,上海花园的格局发生了巨变,但池志澂的描述揭示出豫园成为上海城市意象不可忽视的维度,即豫园在城市发展和空间格局中居于什么位置,它在时光流转中凝结为上海意象的特殊性与价值何在。

一、方位与定位:城市中的意象媒介

　　意象媒介必须在城市中有明确的定位,既包括地理位置上的定位,也包括文化社会属性上的定位。意象媒介在城市中往往作为节点而存在,"节点如同区域,有外向和内向之分"②,外向性的节点与周围其他节点形成关联,这种空间和形式上的关联,又会助其形成情感与性质上的关联。

　　豫园自清末改建后,最终定位为"作为公共娱乐场所的花园"。当时上海的公共娱乐场所,从空间属性来看主要分两类:一类是街道,聚集三教九流各色人等,茶馆、酒馆、烟馆、妓馆倚街而开;另一类是面向公众开放的私家园林,其空间开阔,筑以亭台楼阁,室内与室外娱乐项目兼备。清末孙宝瑄曾记载:"上海闲民所麇聚之地有二:昼聚之地曰味莼园,夜聚之地曰四马路。是故味莼园之茶,四马路之酒,遥遥相

①　池志澂:《沪游梦影》,胡珠生标点,上海古籍出版社,1989 年,页 161—162。
②　〔美〕凯文·林奇:《城市意象》,方益萍、何晓军译,华夏出版社,2001 年,页 59。

对。"①味莼园即张园，它是上海第一批面向公众开放的私家园林，与愚园、徐园并称沪上三大名园。

最早开放私家园林的是申园，它于 1882 年对外开放，"申园在静安寺西隅，中构洋楼，四围花木，右偏并筑台榭，凿芳池，后设弹子房，任客嬉游"②。申园由一些商人以股份公司的形式集资建造，具备公园、游乐场、餐饮等多种功能，"该园以中上层人士为主要服务对象，开放不久即门庭若市，获利颇丰，于是群相效仿。在此后的十多年中，以张园、徐园、愚园为代表，营业性私园进入其鼎盛时期"③。张园 1885 年开园，聚集中西各色娱乐项目，包括赏花、灯会、焰火表演、听戏、杂技、魔术、跳舞、溜冰、照相、影戏等。徐园 1887 年对外开放，"门票银洋一角"④。愚园 1890 年对外开放，"画栋珠帘，朝飞暮卷，其楼阁之宏敞，陈设之精良，海上诸园亦无以过之"⑤。

清末陆续开放的园林式娱乐场所往往集园林、茶楼、戏台、书场等传统娱乐项目和杂技、魔术、影戏、马戏等西式娱乐项目于一体。这既充分发挥了园林建筑的空间结构特点，也满足了社会各阶层对新旧娱乐方式的需求。园林作为新生娱乐场所，从一开始就有鲜明的商业性，它以门票为准入制，在某种程度上降低了它的开放性，成为有门槛的公共场所。

事实上，清末私家园林向经营性公园的转型及公共娱乐业的新式之举，与上海开埠后西人在租界内新建西式娱乐场所、引入西式娱乐方式有关。从 19 世纪 50 年代起，租界内就陆续建造了跑马场、戏院、总

①　孙宝瑄：《忘山庐日记》，上海古籍出版社，1983 年，页 381。
②　池志澂：《沪游梦影》，胡珠生标点，上海古籍出版社，1989 年，页 161。
③　上海园林志编纂委员会：《上海园林志》，上海社会科学院出版社，2000 年，页 75。
④　上海市静安区文物史料馆编：《江宁路（戈登路）史料汇编》，上海社会科学院出版社，2014 年，页 52。
⑤　池志澂：《沪游梦影》，胡珠生标点，上海古籍出版社，1989 年，页 162。

会、公园等,这些新颖的娱乐方式很快被国人效仿。除了娱乐方式的西学东渐,近代私园的开放还与西人歧视华人的殖民主义政策有关。外滩公园(1868)、虹口公园(1905)等侨民公园都对中国人采取隔离策略,"外大桥堍之公园(即外滩公园),无论何等人,均不准入内。……吾华人只好在铁栏外,可望而不可即"①;虹口公园"四周以木栅围之,四角共辟四门。……惟华人除西孩之女佣外,一律禁止入内"②。建基于西方平等、公共理念基础上的西式公园(public park),移植进入上海后就以"华人不得入内"的区隔性彰显出鲜明的殖民色彩。在很大程度上,中国早年开放的私家园林是对西方殖民主义的反抗,"租界之有公家花园、虹口花园、黄浦滩草地、跑马厅等处,均不容华人步履其间。所幸者,静安寺路之张园、愚园,徐家汇之李文忠祠,邑庙之东、西两园,可以任人游览"③。但这些早期开放的私家园林又与西式公园不尽相同,它们大多以经营为目的,并以门票作为准入方式,实际是半开放式的公园。

　　与时下经营性公园的时尚性相比,豫园并不占优势。当时张园成为经营性园林中的翘楚,"张园不但以场地最广而驰誉沪上,而且因演说、展出频繁,娱乐样式众多而独步一时。很多时髦的玩意都是先在此亮相,然后逐渐推广,张园也因此被称为近代上海的时尚之源"④。相比之下豫园是老城厢的花园,是邑庙花园。"'邑里为坊,邑外为厢','厢'就是城外人口密集并有一定商业活动的区域,当然,所谓的'城

　　① 走:"上海之建筑(八):外大桥公园",《图画日报》,1909年第8期,页2。
　　② 郑振铎:"上海之公园问题",载郑振铎:《郑振铎文集(第4卷)》,人民文学出版社,1985年,页65—69。
　　③ 青:"上海之建筑(五十一):西园",《图画日报》,1909年第51期,页2。
　　④ "搬上年画的海上第一名园——上海张氏味莼园散记",载张伟、严洁琼:《晚清都市的风情画卷:上海小校场年画从崛起到式微》,学林出版社,2016年,页115。

厢'就是指城和厢,也就是城里和城外人口居住集中的区域。"①从城市
方位和格局来看(图2-12),豫园位于老城厢东北部,即小东门和老北
门②之间,老上海县城有六个城门:

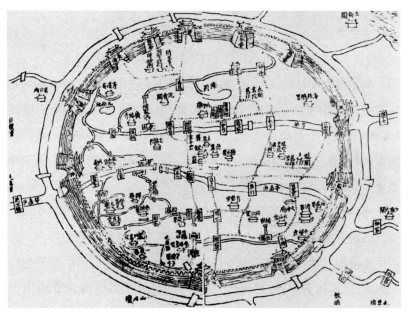

图2-12 同治《上海县志》中的《上海县城图》③

上海城墙④为圆城,周长9华里,高2.4丈,开设六扇城门,从

---

① 薛理勇:《老上海城厢掌故》,上海书店出版社,2015年,前言页1。
② 老北门即晏海门,建于1553年,方位是正北门,位于今人民路河南南路路口;新北
门建于1866年,方位是北偏东,位于今人民路丽水路口。(参见彭祖基:《昔日上海风情》,
上海人民出版社,2011年,页177)
③ 图2-12见上海市文物保护研究中心、上海大学文学院编:《上海市明清海防遗址
调查报告》,上海大学出版社,2016年,页59。
④ 上海自1292年建县后的两百余年都没有修筑城墙,可以说是有邑无城的不设防
城市。直到明朝中期,为抵御倭寇才于1553年建城。

东向南(顺时针)依次为:宝带门(小东门)、朝宗门(大东门)、朝南门(小南门)、跨龙门(大南门)、仪凤门(西门)、晏海门(北门)。城门是城里城外的通道,当时在东、南各开二门,而西、北各开一扇门,说明,当时从东面和南面进出县城的人较多,而从西、北进出的人较少。①

从城市空间结构来看,上海在开埠前是"庙、园、市三位一体的布局",即上海县以城隍庙、豫园和黄浦江一带的商业区为中心呈现"集中团块状"②;开埠后的上海城市空间则被分为华界和租界、浦西和浦东的"四国三方"③的格局。豫园因其所处地理位置使其成为商贸和服务业繁盛、人口聚集之地。

豫园能在当时的诸多园林中脱颖而出,与其所处的地理位置和其自身的历史文化属性有关,"中国传统"成为它特殊性的集中体现。豫园位处南市④,地处华界,"南面是华界,北面是租界,包括法租界与公共租界,南面代表中国,北面代表西方"⑤;地处华界的豫园成为地方性和中国文化的代表,"道台衙门、知县衙门设在这里自不用说,凡有外宾来访,地方官总是在豫园设宴款待。在西人填写的旅游书上,这里被称为'本地城市'(Native City),与带有西洋风味的外国租界相

① 薛理勇:《老上海城厢掌故》,上海书店出版社,2015 年,页33。

② 孙斌栋编著:《我国特大城市交通发展的空间战略研究:以上海为例》,南京大学出版社,2009 年,页 106。

③ 四国三方,四国指中、英、美、法;三方指华界、公共租界、法租界。

④ 南市范围包括老城厢及小南门、十六铺以南沿江地区,其地在 1927 年上海特别市成立以后,划入沪南区管辖,1938 年被改为南市区。1945 年抗战胜利以后,老城厢地区划为邑庙区与蓬莱区,1949 年以后仍两区并存,1959 年合并为南市区。(参见熊月之:"黄浦历史文化",载熊月之:《千江集》,上海人民出版社,2011 年,页 63—64)

⑤ 熊月之:"黄浦历史文化",载熊月之:《千江集》,上海人民出版社,2011 年,页 63。

对应"①。

豫园以"中国传统"为特色,使其在诸多花园中具有差异化的竞争优势,豫园成为民众闹中取静的去处。《二十年目睹之怪现状》第一回描述了在上海生活十余年的主人公选择豫园游玩的心理过程,"想往外散步消遣,又恐怕在热闹地方,遇见那征逐朋友。思量不如往城里去逛逛,倒还清净些。遂信步走到邑庙豫园,游玩一番,然后出城"②,正可谓"淞滨遍地感尘嚣,寂寞愁怀何处消,欣看洞天开别景,庭中一树接云霄。……东南非此名园在,雅侣何曾散倚愁"③。由于豫园不断重建的历史,使其成为兼具完全开放和半开放性的独特空间,成为"国际的公众游览场"。虽然无法比肩时尚性和娱乐性强的公园,但它以固有的传统性和历史性吸引了中外游客和附近民众,"上海之邑庙豫园……各点心肆茶馆及食物摊,从无冷落之时,惠顾者初不问其座位陈设如何,但盛称其价廉物美而已"④。

随着时代变迁,经营性公园作为娱乐场所的地位很快被更现代的大型娱乐场所如大世界等取代,不少园林衰落,有的甚至匿迹,如"张园大约在1918年后渐趋消衰,据1932年出版的《上海风土杂记》记载:"张、愚二园,今已湮没不存。"⑤"当半淞园全盛时,徐园早已沧海桑田,满目荒凉。味莼园及愚园,都改建市房,愚园⑥相近还有愚园路路牌来

①　熊月之:"南市文化底蕴",载熊月之:《千江集》,上海人民出版社,2011年,页62。
②　吴趼人:《二十年目睹之怪现状》,上海古籍出版社,2005年,页1。
③　庄毅:"内园题咏集·内园即景",《钱业月报》,1936年第16卷第3期,页55。
④　臙脂:"邑庙豫园小志",《大亚西报》,1933年第361期,页2。
⑤　"搬上年画的海上第一名园——上海张氏味莼园散记",载张伟、严洁琼:《晚清都市的风情画卷:上海小校场年画从崛起到式微》,学林出版社,2016年,页115。
⑥　1918年愚园毁废,原址上造民居和康泰公寓以及爱丁堡公寓,即今常德公寓。(参见杨嘉祐:"愚园旧梦录",载沈寂、史齐编:《花园里的上海世界》,上海辞书出版社,2010年,页5)

留纪念,味莼园故址虽临近尚有人称张家花园,但这是俗名而已。半淞园也只二十年寿命,当日寇陷沪时,毁于兵燹,而近只剩'一片荆棘一墩土,半池浊水倚斜阳'了。"①

历经时间的淘洗,豫园却因其"古"而留存,以其"古"而扬名。据记载,"上海老城厢在明清时期,也是一座花园城市。志书上有记载的名园不下十五处,如今仅存豫园"②。曹聚仁介绍上海园林时也感慨豫园的"化石性","沪上名园,豫园要算最古,到了近代,却经城隍庙而著称于时。租界早期,有三处名园:味莼园、愚园、徐园,在当年也颇擅园林之胜,而今都化为陈迹了"。③ 从某种角度上说,豫园作为上海意象的"常青性"离不开其作为历史遗存的物质性及文化性,"传统性"成为豫园的标识和其作为上海意象的典型特征。

二、城市向心力:意象媒介的市政再造

基于麦克卢汉(Marshall McLuhan)的媒介观,媒介通过感知系统建立人与外部世界的关联,建筑、交通工具、通信工具等都是媒介。作为城市意象的媒介,不仅关联感知系统,它还因其在城市特定位置的节点作用——"节点既是连接点也是聚焦点"④——成为"向心力"之所在。

斯科特·麦奎尔(Scott McQuire)指出不同媒介对城市的向心或离

---

① "上海通·过去的名园",《文物周刊》,1948年第230号,页5。
② 赫文:"老城厢里也是园",载沈寂、史齐编:《花园里的上海世界》,上海辞书出版社,2010年,页15。
③ 曹聚仁:"味莼园(张园)",载曹聚仁:《上海春秋(修订版)》,生活·读书·新知三联书店,2016年,页289。
④ 〔美〕凯文·林奇:《城市意象》,方益萍、何晓军译,华夏出版社,2001年,页58。

心作用，"新的交通和通信技术提供了向心和离心的两种压力"①。火车、自行车、电车和汽车等新型交通工具的出现，为现代城市的横向扩张和人口向郊区的疏散提供了物质保障，同时也使城市与周边的新连接成为可能。手机等通信工具使空间分离的地方形成协调与合作的可能，但是"现代工业城市并未建立一个能够固定新社会秩序的稳定体系，而是引入了一系列新兴的变量，它们改变了城市空间和文化同一性的再造之间的纽带"②。从某种程度上说，意象媒介是城市中发挥"向心力"作用的节点，是城市中"纪念碑"式的存在，它不仅见证了城市发展中各种力量的较量和作用，也储存并形塑了社会关系和社会记忆。

豫园从兴建到重建的过程中，历经了从私家园林到寺庙园林，再从寺庙园林到公共园林的转变。这一转变过程中，商业、行政力量的汇入，促成它成为城市中具有向心力的地方和场所。

豫园最初得以恢复园林风貌得益于当地士绅的合力。1709年（康熙四十八年），上海士绅购地建庙园，即东园（内园）始建成型，后1784年（乾隆四十九年），富绅集资费时二十余年建成西园，据载，内园"于嘉庆十二年始由钱业借设公所，同业有事，于此集议，故园中修葺一切，俱由钱业醵资"③，虽然此时占地三十余亩的豫园不及当年七十余亩的盛况，但已恢复园林的部分风貌。鸦片战争中，豫园遭英军占领，司令部设在湖心亭；小刀会起义期间，豫园又成为清军的兵营。历经战乱的豫园重建，再次以行业公所分区自治的方式展开，1868年（同治七年），豫园西园划分给同业公所，由其筹款修建，"光绪元年（1875年），豫园

　① 〔澳〕斯科特·麦奎尔：《媒体城市：媒体、建筑与都市空间》，邵文实译，江苏教育出版社，2013年，页23。
　② 〔澳〕斯科特·麦奎尔：《媒体城市：媒体、建筑与都市空间》，邵文实译，江苏教育出版社，2013年，页24。
　③ 璧、孙兰荪："上海之建筑（五）内园"，《图画日报》，1910年第5期，页2。

内有豆米业、糖业、布业等 21 个工商行业设立公所"①,"从康熙年间最初进驻的布业公所,到光绪年间,花业、帽业、猪业、钱业、米豆业共 21 家行业公所在豫园落地。这些行业公所又出资,分担豫园的重建、修复和维护"②。其中"萃秀堂为豆麦业所建,在邑庙豫园其地为万花楼旧址,落成于道光二十三年"③。由此豫园逐渐从庙市发展成为商贸区,除了遗存的亭台楼阁外,还有云集于此的商铺,"至民国九年场内有商店 135 家"④。抗战爆发后,城隍庙辟为难民区,豫园商业几近绝迹。抗战胜利后,豫园商贸再次兴盛,"民国 36 年,场内有商店、工场 276 家,摊贩 300 多个"⑤。1956 年,老城隍庙市场的商店实行公私合营,"场内有商店 160 户,门市部 207 个,工场 5 个,从业人员 1195 人"⑥。改革开放后,豫园商场实行自购自销,并建立了豫园商场管理委员会,协调商户的商业活动。1987 年豫园商场股份有限公司成立,上市交易发行股票,成为上海商业系统第一家股份制企业,"1992 年,市场内共有商店 151 户,从业人员 4341 人"⑦。由此可见,豫园集商、旅、文于一体的经营体系在清末豫园重建时就已奠定基础,在豫园近百年的发展过程中,为治理由于商户云集所带来的交通、环境问题,豫园成为商业、政治、社会等各方力量的汇集点。

　　1925 年 8 月 30 日,邑庙豫园委员会成立⑧,以整饬和管理豫园。

---

① 孙卫国编:《南市区志》,上海社会科学院出版社,1997 年,页 893。
② 唐明生、李伦新编:《海派园林》,文汇出版社,2010 年,页 14。
③ 璧:"上海之建筑:萃秀堂",《图画日报》,1909 年第 59 期,页 2。
④ 孙卫国编:《南市区志》,上海社会科学院出版社,1997 年,页 419。
⑤ 孙卫国编:《南市区志》,上海社会科学院出版社,1997 年,页 420。
⑥ 孙卫国编:《南市区志》,上海社会科学院出版社,1997 年,页 420。
⑦ 孙卫国编:《南市区志》,上海社会科学院出版社,1997 年,页 419。
⑧ 李钟珏:"函致警察厅邑庙豫园委员会成立选募巡丁分段管理请饬区协助文",《上海市公报》,1925 年第 10 期,页 14—16。

当时的豫园破败不堪，据记载：

> 屋舍纵横，人烟稠密，园中湖池年久于塞，积水污浊，加以附近居民粪秽、垃圾随便倾入，无人管理，每交炎夏，臭秽熏蒸，行人掩鼻，每逢星期，外人进园，游览视为畏途，实属有碍卫生。其各种货摊于三叉要道纷横阻梗，随意摆设无人取缔，游人如蚁，毂击肩摩，江湖乞丐沿途强索，摸袋扒窃，日必数起。①

其时豫园的卫生、治安、交通已成痼疾，豫园商联会积极呼吁豫园委员会整顿豫园卫生不良、交通拥塞等问题②，"近来长此以往，殊非讲求市政之道，若不切实整顿，何以重卫生而利交通，且关系全国各商营业，会由豫园商联会呈请贵公所从事改良"③。豫园委员会以"豫园之人办豫园之事，豫园之款作豫园之用"的理念，以豫园内地方公益税和摊捐作为运作的经费来源，"按月向收邑庙豫园之地方税及豫园各种货摊捐拨归委员会分别征收，以充豫园公用"④；并在这笔经费中划拨出一部分用于募选巡丁，管理豫园市场，"巡丁18名，巡目1名，分为六岗，专管驱逐乞丐，严防抢窃"⑤；其他经费则用于挖捞河池、改建桥梁、重铺道路。豫园委员会的举措备受民众支持，同时豫园委员会也得到

---

① 李钟珏："函上海县知事邑庙豫园委员会成立选募巡丁分段管理一切事宜请出示布告文"，《上海市公报》，1925年第11期，页4。
② "批邑庙豫园商业联合会等呈为豫园卫生不良交通阻塞吁请切实整理文"，《上海市公报》，1925年第10期，页22。
③ 李钟珏："函上海县知事邑庙豫园委员会成立选募巡丁分段管理一切事宜请出示布告文"，《上海市公报》，1925年第11期，页4。
④ "布告邑庙豫园内地方公益税及摊捐一并归委员会征收充园内公用文"，《上海市公报》，1925年第12期，页19—20。
⑤ "函淞沪警厅整理豫园委员会之枪械六支系本所巡查队内拨用请查照发还文"，《上海市公报》，1926年第22期，页8—9。

市政支持。为加强管理力度，淞沪警察厅上海县公署"核准在巡查队内拨枪械六支，轮流应用。……巡丁专维园中秩序，保卫园景，不管外事"①。在豫园治理过程中，豫园委员会经常遇到入不敷出的境况，曾以申请拨庙园房捐、拨酒馆公所贴费等方式维持运作，"经常费不敷，请求呈县移拨庙园房捐以维久常"②，"将酒馆公所等五处所缴之贴费连同执照费一并拨归贵委员会充作路工之用等，因到所查酒馆公所等五处共缴贴费九百二十二元，自当照案划拨，以重路工"③。

　　长此以往豫园商户对豫园委员会极为不满，他们联合申诉："邑庙豫园，自组织整理委员会之后，一切整理经费，均由贵会筹措，预定计算，约数千元之谱，一经兴工，超过原额限度，乃劝商人等认加公益捐，以资补助。商人等为邑庙豫园观瞻及路政计，不得不暂忍痛苦，勉力负担。"④1926年豫园火灾后的重建治理工作告结后，豫园商联会呈请取消公益捐，"商人等因顾念邑庙豫园之整理，已至筋疲力惫，立予取消，以符贵会之初旨"⑤。时任上海财政局局长的王和也呈请将邑庙豫园委员会管理权交还市政统一管理，"自十四年被灾改建以来，整理更较往昔为良，但此项管理之权系由人民以整理地方自治名义，向前上海市公所取得，现在市政既归统一，该处似未便任其独自为政，且其间房摊、茶馆、书场等捐均归市税收入，即管理清洁各事，亦属公安、卫生各局范

---

　　①　"函淞沪警厅整理豫园委员会之枪械六支系本所巡查队内拨用请查照发还文"，《上海市公报》，1926年第22期，页8—9。
　　②　李钟珏："函上海县公署邑庙豫园委员会经常费不敷请移拨庙园房捐文"，《上海市公报》，1926年第16期，页5。
　　③　"函复豫园委员会酒馆公所五处贴费自当照数划拨以重路工文"，《上海市公报》，1926年第24期，页12。
　　④　"上海邑庙豫园商店联合会致整理邑庙豫园委员会请取消公益捐函"，载朱剑芒编：《国民政府公文程式大观（第5编）公团文件》，世界书局，1931年，页82—83。
　　⑤　"上海邑庙豫园商店联合会致整理邑庙豫园委员会请取消公益捐函"，载朱剑芒编：《国民政府公文程式大观（第5编）公团文件》，世界书局，1931年，页82—83。

围,拟肯钧长饬该邑庙管理委员会迅将是项管理权交由职局及有关各局分别接收,庶使捐税得以归公,整理亦可划一"①。1928 年上海特别市市政府颁布了《上海特别市公安、社会、工务、财政、卫生五局管理邑庙豫园设摊暂行规则》,明确摊基、摊位、摊捐、经营由公安、工务、卫生、社会、财政五局管理。②

　　邑庙豫园委员会的存废只是豫园发展历程中的一个小插曲,但它集中反映出豫园在重建和整治过程中汇集了各方力量的较量。豫园不仅是游客的聚焦点,也是市政、商户、民众的聚焦点,豫园形成汇集各方力量的"向心力",这种向心力并非大众印刷媒介建构"想象的共同体"形成共识般的凝聚力,而是将各方力量、各种事件、各种争论、各种人物汇集于此的熔炉效应,它们皆可在豫园这个节点上留下"表达"的痕迹,可以说豫园成为社会记忆、历史记忆、城市记忆的汇集点。这一点恰如希格弗莱德·吉迪恩(Sigfried Giedion)对建筑生命力的解释:"建筑是可以由各种外在条件产生出来的,但是,一旦它出现之后,它本身即构成一有机体,它既有其自己的特性,更有其自己的延续的生命。……建筑所延伸的范围,将超越其诞生的时期,超越其产生的社会阶级,超越其所属的风格。"③从某种程度上说,意象媒介的特殊性就在于它具有建筑作为"有机体"的生长性和生命力。

<hr />

① "上海特别市市政府指令第五二四号:令财政局:呈为呈请令饬整理邑庙豫园委员会交还市政管理权由",《上海特别市市政府市政公报》,1928 年第 6 期,页 90。

② "上海特别市公安、社会、工务、财政、卫生五局管理邑庙豫园设摊暂行规则",《上海特别市市政府市政公报》,1929 年第 34 期,页 66—67。

③ 〔瑞士〕希格弗莱德·吉迪恩:《空间·时间·建筑:一个新传统的成长》,王锦堂、孙全文译,华中科技大学出版社,2014 年,页 29。

三、意象媒介的时空效应:都市知识的形成

　　斯科特·麦奎尔提出"媒体城市"的概念,他指出"媒体-建筑综合体(media-architecture complex)即我所谓的媒体城市"①。建筑本身既是媒介,同时又被现代媒介再现、植入,由此形成现代城市新型的社会关系。麦奎尔的媒介包括两层意思,"既将'媒体'视为麦克卢汉所说的环境,同时又将城市视为基特勒(Kittler)所说的'介质'"②。他探寻新技术所形成的媒体-建筑新形态,及由此产生的新型时空关系和社会关系。麦奎尔"媒体-建筑综合体"的视角对审视城市意象的形成具有启发意义。相比于玻璃屋、屏幕墙等新式媒体-建筑综合体,在现代城市中仍留存大量历史建筑,它们同样以"媒体-建筑综合体"的形式存在,并在历史的沉淀和时间的过滤中,成为相对稳定或被固化的意象媒介,这与它们基于建筑和媒介的双重属性有关,用麦奎尔的话来说,这样的城市意象形成了"图像之域(territory of images)","在此版图中,新型的都市知识得以生成"。③

　　叶凯蒂在分析晚清娱乐业与城市身份形成的关系时,把以《申江胜景图》为代表的上海指南看成是"跨文化作品",认为其所描绘和再

①　〔澳〕斯科特·麦奎尔:《媒体城市:媒体、建筑与都市空间》,邵文实译,江苏教育出版社,2013年,页22。

②　〔澳〕斯科特·麦奎尔:《媒体城市:媒体、建筑与都市空间》,邵文实译,江苏教育出版社,2013年,前言页2。

③　〔澳〕斯科特·麦奎尔:《媒体城市:媒体、建筑与都市空间》,邵文实译,江苏教育出版社,2013年,页43。

现的是老城厢的"文化景观"①。这些以印刷媒介为载体的文化景观，正是在被不断复制和创作的过程中，为中外人士提供关于城市的知识和行动指南。而随着摄影术和印刷术在 19 世纪末 20 世纪初的革新，以摄影照片为载体的复制品承担了绘制城市地图的主要角色，在 19 世纪的西欧，摄影也同样承担了表征城市的重任，"它们为城市'绘制地图'，从而使城市可供感知、认知和操作"②。从这个角度来说，在城市意象的形成过程中，大众传播媒介对城市景观或对象物的不断再现尤其是图像再现，是其在更大范围内可读、可知、可操作的重要条件，也是其成为意象媒介在城市中发挥空间生产和社会关系生产的重要条件。19 世纪末到 20 世纪中叶，居主导地位或垄断地位的印刷媒介成为城市"图像"生产和传播的重要载体，豫园作为上海意象的形成过程离不开自 19 世纪末以来印刷媒介多种视觉样式的再现与传播，包括石印画、年画、漫画、照片等。湖心亭—九曲桥在印刷文本中被反复呈现和凸显，不断强化了人们对豫园的认知，即湖心亭—九曲桥的形象作为中介加深或固化人们对豫园和上海的认知，并通过城市漫游和旅行去实地游观豫园，以个人感知和个人体验的方式形成对豫园的记录和记忆，如此循环往复，形成在时间层面和个人经验层面的叠加效应，湖心亭—九曲桥以都市知识生产的形式成为代表豫园、代表上海的城市意象。

　　意象媒介的媒介属性不止于被媒介再现的表征性，更大限度体现为其自身成为空间媒介和时间媒介的凝结性。按照伊尼斯(Harold A. Innis)对传播媒介偏向的划分，意象媒介既有空间媒介的属性，也有时

---

　　① 〔美〕叶凯蒂：《上海·爱：名妓、知识分子和娱乐文化(1850—1910)》，杨可译，生活·读书·新知三联书店，2012 年，页 319。
　　② 〔澳〕斯科特·麦奎尔：《媒体城市：媒体、建筑与都市空间》，邵文实译，江苏教育出版社，2013 年，前言页 4。

间媒介的属性,伊尼斯认为传播媒介的特性决定它在知识传播上呈现出时间纵向和空间横向的差异,即传播的偏向,"根据传播媒介的特征,某种媒介可能更加适合知识在时间上的纵向传播,而不是适合知识在空间中的横向传播;……它也可能更加适合知识在空间中的横向传播,而不是适合知识在时间上的纵向传播",换言之,在媒介—知识传播—文化的关系中,"媒介或倚重时间或倚重空间,其涵义是:对于它所在的文化,它的重要性有这样或那样的偏向"。[①] 从这个角度来说,意象媒介在时间和空间维度上都必须具有相对的延续性,即有空间、时间上的双重优势,才能在历史更迭和时空转换中维持相对的稳定性,同时这种稳定性产生了时间或空间的偏向,并以其偏向性促成都市知识的形成,并塑造人们对城市的认知。

将意象媒介与城市之间的时空关联加以统合,才能进一步明晰作为"常识"的城市意象何以形成。麦克卢汉把"常识"看作人的感知经验上升为理性的表象,"'常识'被认为是人的独特能力,是将一种感知经验转换成各种感知的能力,是将感知的结果不断以统一的表象展现给人脑的能力。实际上,各种感官比率统一的表象长期被认为是我们理性的标志"[②]。如果从媒介与人的感知系统的关联来看,意象媒介在本质上是视觉本位的传播媒介,视觉本位相对于听觉本位而言,具有不同的时空整合效力,并实现不同比例的时空与感官系统的平衡。豫园的视觉性不仅体现在它作为建筑实体的物质性和观瞻性,同时也体现在它被印刷媒介不断呈现的视觉性,"印刷术和摄影术是视觉本位的

① 〔加〕哈罗德·伊尼斯:《传播的偏向》,何道宽译,中国人民大学出版社,2003年,页27。
② 〔加〕马歇尔·麦克卢汉:《理解媒介:论人的延伸》,何道宽译,译林出版社,2013年,页81。

传播"①,这双重意义的视觉性成为城市意象维系其时空稳定性的重要条件。此外,城市作为在空间范畴上内含城市意象的"容器",对意象和人都有塑造作用,"城市的功能是重新塑造人,把人改变成比他的游徙祖先更适宜生活的形态"②。从这个意义上说,城市意象的形成不仅是城市与人的感知经验相互作用的结果,也是人和对象物被城市塑造的过程中不断适应城市的结果。城市意象的形成,既离不开时空维度的城市,也离不开人的感知、经验和实践。正如豫园成为上海的城市意象,既以其鲜明的视觉性被记录、储存和记忆,又在城市中发挥了重要的中介功能,它成为汇集不同人群的交往空间,也成为各方力量的熔炉,各种社会关系、社会事件在其间发生,同时也改造重塑着它的面貌。

"城市在其完整的意义上便是一个地理网状物,一个经济组织体,一个制度的过程物,一个社会战斗的舞台,以及一个集合统一体的美学象征物。"③意象媒介作为时间性媒介和空间性媒介的结合体,以纪念碑式的实体物质性,在城市的地理和历史文脉中占据一席之地,或因建筑物的视觉性,或因文化的凝聚力,或因政治和经济因素的干预,产生具有聚合效应的"向心力"。正如湖心亭—九曲桥的意象特征,以其清晰的视觉、地理、文化的指向性,形成稳定性的"图像之域",并凝结为豫园作为"媒体-建筑综合体"的城市意象。

---

① 〔加〕哈罗德·伊尼斯:《传播的偏向》,何道宽译,中国人民大学出版社,2003 年,页 65。
② 〔加〕马歇尔·麦克卢汉:《理解媒介:论人的延伸》,何道宽译,译林出版社,2013 年,页 81。
③ 〔美〕刘易斯·芒福德:《城市文化》,宋俊岭等译,中国建筑工业出版社,2009 年,页 507。

小结 作为城市意象的豫园：
上海现代性中的"地方"

现代性是具有包容性的话语，在某种程度上甚至是具有"侵略性"的话语，现代性预示了一种全球化的趋势，它代表着现代文明的方向。但具有统合性的"现代性"其妙处又在于它在不同时间、不同空间、不同物象的脉络中具有差异化的表现。对于一个城市来说，对其现代性的理解也离不开对其差异性的关注和思索，这种差异性集中体现为"地方性"。

"地方(place)"是文化地理学中的一个重要概念，它不仅包含地理性、物质性的一面，还包括人与地理环境相互关联、相互作用的一面。英国人文地理学家蒂姆·克雷斯韦尔(Tim Cresswell)将地方看作是事物存在的一种方式，也是认识世界的一种途径。他把地方定义为"有意义的场所(a meaningful location)"，可以从地理位置(location)、空间场所(locale)、地方感(sense of place)三方面加以理解。① 在这一场所所处的地理方位、其间发生的社会关系，以及人们对地方形成的情感依赖都是其"有意义"的重要构成。

豫园在上海城市的发展变迁中以其所处的地理位置、建筑构造的

---

① Tim Cresswell, *Place: A Short Introduction*, Oxford: Blackwell Publishing, 2004, p. 7.

视觉性，及作为交往空间所编织的私人与公共的关系、政治与经济的关系、文化与情感的关系，成为一个显著的"地方"。在传统与现代的碰撞中，在东西方文化的交汇中，豫园"生长"为具有鲜明地方性的上海城市意象。与城市河流"自然物"不同，它是"人造物"，在历史脉络中更彰显出人对这一物象的意义生产与再造，也正是在人与物的交织关系中，它何以成为"地方"被形塑和凸显也更清晰。从某种程度上说，豫园自身意义的丰富性使其成为现代上海展示历史性的"传统意象"，也成为现代上海展示其民族性的"地方意象"。

第三章
上海"全景"：观念、技术与镜像①

第一节　全景摄影：全景观念的视觉化

全景摄影(panoramic photography)从摄影实践层面来看，是以摄影机镜头为轴心通过连续运动捕捉水平面或竖直面的画面，再通过后期制作合成180度、360度或720度超大视野成像的摄影类型。随着媒介技术的更新和普及，全景摄影在遗产保护、考古现场纪实、形象宣传等领域广泛运用。本章从全景观、技术革新和镜像符号三方面探讨全景摄影与上海形象之间的关系。

一、全景观念：从全景画到全景摄影

从视觉艺术和图像史的角度来看，全景摄影并非新媒介技术所带来的视觉新样式，摄影术发展初期就有根据当时的技术条件所做的全景摄影实践。如果从全景观及其视觉呈现的角度来看，人们对外部世

① 本章部分内容曾以"视觉造境：新媒体时代的全景摄影"为题发表，详见《当代传播》，2015年第4期，页110—112。

界的全景再现,以及其中所蕴含的视觉机制、观看方式都可溯源至全
景画。

全景画最早盛行于 18 世纪后期的欧洲,一般认为由爱尔兰人发
明,以 1788 年世界上第一幅全景画《爱丁堡风景》在伦敦展出作为标
志性事件。全景画"是按照一定的平面或者曲形背景绘制而成的。观
众站在固定的一处,可以看到完整的景观图画"①,当时的全景画将绘
制与展示结合起来,是结合二维平面和三维空间展示于一体的视觉艺
术。为了便于全景画的展示,还专门建造了展示此类画作的"圆筒形"
房屋,以其内墙作为全景画的展示平台,也就是说观众站在圆筒中心,
只要原地移动就能饱览全景。据统计,"自 1882 年至 1889 年的 7 年
间,法国建立了 17 个全景画馆,开启了全景画的全盛时期"②。在这样
的特制空间中,观者得以观看视线内的所有图像,并且景观、人与空间
的关系也予以清晰呈现:人与画同处于全景展示的建筑空间中。

早期的全景画依托于架上绘画,其对观看方式、视觉规律上的把握
还并不成熟,但其环形结构的视觉设计在图像绘制和视觉观看上都与
传统架上绘画的视觉性相区别,也为此后全景画的发展奠定了基础。
与架上绘画采用的单点透视不同,全景画采用的是四点透视,"架上绘
画中平行透视只有一个消失点(一点透视),成角透视有二个消失点
(二点透视),倾斜透视有三个消失点(三点透视),而全景画透视有四
个消失点,故称四点透视"③。四点透视由视点、视心、视高的关系所决
定。如图(图 3 - 1)所示,E 点为视点,圆周代表画面,地平线至画幅底

① 郑耀东:"欧洲早期的全景画艺术研究",《美术教育研究》,2018 年第 18 期。
② 郑耀东:"欧洲早期的全景画艺术研究",《美术教育研究》,2018 年第 18 期。
③ 胡姗姗、乃敏:"四点透视:全景画透视与架上绘画差异性特征及应用",《美苑》,
2013 年第 2 期。

边的高度为视高,视高影响看台高度的确定。① 由于全景画的观看视点是移动的,观众可以从不同角度全方位观看画面,所以全景画是多视心的构图,视心并不具备绝对的东南西北方位,而是由全景内容、展示要求、建筑空间决定。依照观看经验和视觉原理,观赏的效果由视平线的高度决定;看点高度的设定会带来全然不同的观看效果和体验,包括景物的大小、多少、疏密等。

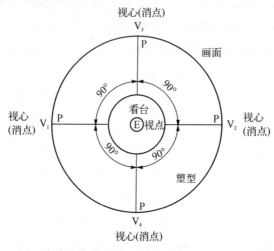

图 3-1　全景透视图②

　　兴起于 19 世纪的欧洲全景画实际上在某些层面已具有大众传播的特质。一方面这类形式的画作在内容上多为城市风光、著名战役、历史事件,具有很强的纪实性,受众面广且喜闻乐见、广受欢迎。另一方面这类画作在传播路径上多以展览和巡回展览的方式在欧洲各城市展

　　① 胡姗姗、乃敏:"四点透视:全景画透视与架上绘画差异性特征及应用",《美苑》,2013 年第 2 期。

　　② 图 3-1 见胡姗姗、乃敏:"四点透视:全景画透视与架上绘画差异性特征及应用",《美苑》,2013 年第 2 期。

出，甚至"各国建立了统一使用标准的展览场地和遍及欧洲的全景画网络"①，大大拓展了全景画的流通和观看范围。此外，全景画融合油画、灯光、建筑等多种艺术手段，制造了多维立体的空间感受。全景画在内容和形式上所彰显的特质为此后全景摄影的生产、展示和流通提供了理论借鉴与经验示范，两者可视为全景观念在不同历史时期依托不同媒材、不同技术的视觉化"显像"。

全景观念至少包括以下几个方面：其一，公开性。题材和视角的公开性。全景式的视觉形式多以俯瞰展开视野，既能更大范围纳入更多的观看内容，尤其是宏大题材和恢宏场面，也由此产生宏阔的审美体验，这种审美体验能更快将人们纳入到关于历史、政治的记忆与叙事中，"可以说全景画在很大程度满足了公众的精神需求"②。其二，集体记忆。基于全景画在题材和视角上的公开性，全景式的视觉作品大多再现具有显著意义或视觉观瞻性的事件或事物，例如第二次世界大战推动全景画的复苏，东西方阵营皆以全景画作为展现战况和进行战时宣传的方式，这在某种程度上对集体记忆的形成具有形构作用。其三，意识形态属性。全景画作为一种特殊的艺术表现形式，极易产生宣传效用，或成为某地的文化标识，或成为建构某地形象的载体。

二、技术革新：全景造境与视觉认知

依据透视原理所呈现的全景画有多种表现形态，"全景画种类多

---

① 郑耀东："欧洲早期的全景画艺术研究"，《美术教育研究》，2018 年第 18 期。
② 蔡可群："全景画的兴衰复苏与历史价值"，《解放军艺术学院学报》，2004 年第 2 期。

样,有环形油画、可移动全景画、立体透视画、背景全景画等"①,不同类别体现出画面与观者的不同关系,全景观看的不同类别也同样体现在全景摄影的发展演进中。

随着技术的革新,全景摄影从360度的二维全景照片发展为三维全景图像,"全景图像的制作流程为:原始图像采集及处理、图像投影、图像匹配与拼接、图像融合"②。在生成三维全景图像过程中,图像投影的方式决定成像的结果。球形全景可达到水平360度垂直180度的全景;柱形全景达到水平360度垂直小于180度的全景,柱形全景形成的"环视",可看到四周,但看不到顶部和底部;立方体全景达到水平360度,垂直180度,但其图片采集要求包括顶、底、前、后、左、右六个方位,克服了球面全景的单一图像拼合技术所造成的变形失真。基于全景摄影的VR全景图像和全景视频开始广泛运用于各领域,VR全景图像通过VR多镜头拍摄和图像拼接技术,建构动态的虚拟空间。VR全景视频综合作用于受众的视觉、听觉、触觉,具有很强的交互性,使受众沉浸于其所营造的环境中,制造出模糊现实与虚拟边界的效果,极大程度实现了沉浸式传播。

(一) 数字视觉:新媒体全景摄影实践

随着传统媒体发展的数字化和新媒体转向,媒体终端视频化为全景摄影带来了新的生长空间。新媒体时代的全景摄影分为柱形全景和球面全景。柱形全景是将水平方向环绕拍摄的照片拼接成长条照片再映射到圆柱体表面;球面全景或称立方体全景要对场景空间全方位完

---

① 郑耀东:"欧洲早期的全景画艺术研究",《美术教育研究》,2018年第18期。
② 陶靖宇、刘汉湖、陈建华等:"Web地理空间360°全景技术研究",《科技创新与应用》,2019年第1期。

整拍摄再拼接处理。较为简单的方式是用鱼眼镜头拍摄互为180度的两个场景再拼接而成①,球面全景摄影逐渐成为传统新闻媒体数字化生存的创新形式。

较早使用全景摄影的媒体是南都网,它于2010年推出"南都新闻360"摄影专栏,设"新闻""纪实""生活""文化""活动""时尚""自然""专题"八个栏目,依内容呈现360度全景摄影。其中"专题"栏的制作较精良,或配乐或航拍以增强现场感,如《大英博物馆》《航拍广州》《航拍深圳》等主题的拍摄,让受众足不出户就可以全景观摩不易看到的景观。

上海报业集团的澎湃新闻(The Paper)也于2014年推出"全景现场",以"360度全景感识更丰富的新闻现场"为宗旨,不定期推出主体丰富的全景摄影,包括新闻现场,如《2015上海两会在哪开,澎湃带你探访现场》(2015年1月24日);地貌风景,如《632米,在中国第一高楼顶,看看脚下的城市》(2015年1月15日);特殊场景,如《带你看看中国新首富在哪里办公》(2014年9月19日)。

澎湃"全景现场"和"南都新闻360"都采用三维引擎,把数张照片拼接成一个立体空间,受众可以上下左右全方位观察拍摄者所处的环境,即拍摄者力图展示的全景现场。澎湃"全景现场"较"南都新闻360"在制作上更精细,不仅加以指示性文字和局部细节图,还在画面中设置了航拍模拟体验模式,点击后可呈现飞行拍摄时的景观。从全景摄影专栏的制作理念和制作效果来说,澎湃"全景现场"从某种程度上来说,更像是设置了一个无形的导游,通过文字说明阐明拍摄缘由和拍摄对象,通过箭头指示和文字标示来引导受众观看画面,体验现场。"全景照片表现的是360度全方位的场景,摄影师要关注的不是一个单

---

① 张燕翔:《新媒体艺术》,科学出版社,2011年,页311。

一的视角,而是注意全方位信息的收集,不是注重细部的刻画,而是尽量兼顾细部的刻画。摄影师应该把读者带到一个客观的空间里面,表达的是一个永恒的空间。"①

新媒体全景摄影与传统媒体全景摄影最大的不同在于成像方式的立体化。在平面媒体上的全景只能做到 180 度全景展现,否则就会造成视觉混乱。而借助新媒体技术,全景摄影通过虚拟三维空间的方式来立体呈现拍摄场景,受众通过拖动鼠标可以上下左右 360 度全方位地观看新闻现场和地景实录,不但有纵深感,还有参与性,借助照片拼接处理技术,受众可以在照片建构的虚拟场景中移步换形,观看整个现场。

新媒体全景摄影由于其对数字技术的依托,使之呈现和接受的方式只能是新媒体,如电脑、手机等移动终端。所以从媒介融合之内容移植的角度来看,这一视觉传播新品种很难直接运用于平面媒体,新媒体全景摄影更具独立性,这既表现出新媒体的传播优势,也预示着未来新媒体传播在数字技术革新的推动下,将演绎出更多独具特色的产品,这些传媒产品或许在与传统媒体的对接上有局限性,但传媒新产品从平面走向立体,实现了与"空间媒介"的对接。也就是说,依赖空间的媒介将成为未来新媒体传播发展的新趋势。

现代社会随着人们空间位移和流动性的增强,在空间上抢夺受众已经越来越为人们所重视,如楼宇电梯 LCD、框架广告都试图以空间争夺来吸引处于移动中的受众的注意力。显然,目前传媒对空间的争夺战还有很大的开拓空间,借助新媒体全景摄影技术,传播的空间争夺战将以更具可视性、立体感和吸引力为目标。由于传播终端的数字化和

---

① 李景超:"全景摄影及'四方环视全景摄影'",《电子出版》,2001 年第 3 期。

移动化已成必然趋势,移动终端的多样化和可视化也将为新媒体全景摄影提供新的生长空间。美国传播学者马克·库珀(Marc Cooper)在2015年3月来华访问时,提及目前很多美国家庭汽车已装上前挡风玻璃投影仪,使受众能在车内就阅读投射到玻璃上的新闻信息。^① 随着物联网发展,各种平面性兼具显示屏功能的家用电器如电冰箱也将成为信息接收载体,这些空间性载体和媒介终端将为新媒体全景摄影提供更多样化的展示平台。适宜于新介质的新媒体全景摄影,将为受众提供更丰富立体的视觉消费和视觉阅读,具有较大展示空间的终端更适合新媒体全景摄影施展拳脚,这种视觉传播新样式既成为一种信息获取手段,也因嵌入到人们的日常生活、工作中而将成为一种新生活方式。

如果从全景画到全景摄影的发展历程是人们依托技术手段不断拓展全景视域的结果,那么如何理解"全景观看"所焕发出的源源不断的生命力呢? 从视觉文化的角度来看,全景摄影兼具符号学和政治学的意涵。

(二) 全景造境:新媒体全景摄影的符号学

新媒体全景摄影与传统新闻摄影呈现出不一样的视觉景观,新媒体全景摄影通过后期制作建构出更真实立体的幻象。全景摄影看似流动的画面,实际上是凝固画面的拼接,并通过技术处理,制造出一个三维空间的幻景。

从视觉符号学的角度来看,新媒体全景摄影全面诠释了皮尔士(Charles Sanders Peirce)对符号学的阐释。皮尔士在索绪尔(Ferdinand

---

① "美国传播学马克·库珀教授谈媒体融合发展新趋势",新华网,2015年3月23日,http://news.xinhuanet.com/zgjx/2015-03/23/c_134089309.htm。

de Saussure)对符号系统进行能指(signifier)与所指(signified)二分的基础上,将符号系统分为三类:图像的、索引的和象征的。① 这一分法更适用于阐释视觉艺术,图像的符号指对象;索引的符号是"指向"某事或由某事所引起,如隐含的信息或情绪、情感的迹象;象征的符号指某种传统、规定或约定,类似于能指。

新媒体全景摄影最与众不同的地方就在于它对索引性符号的明示,或通过箭头指示或通过数字模拟的方式告知受众全景照片的迹象。索引的符号是"对于对象有一种指向",指向之为可能,"因为一方面是单独的对象,另一方面,即某个人的感觉符号或者记忆符号,两者之间具有一种动态的(也包括空间的)联系"②。比如澎湃"全景现场"拍摄制作的《632米,在中国第一高楼顶,看看脚下的城市》③,在全景图中设置了航拍模拟装置,点击便可以体验飞机航拍的效果,包括画面效果和速度体验,这种索引性符号类似在全景图之中添加了一个"超链接",以"画外之音"的方式将视觉和感知融为一体。

新媒体全景摄影利用新技术充分发挥了象征性符号的功能,集中表现在它对"造境"功能的开发和利用。新媒体全景摄影,长于展现大场景及具有大场景的新闻现场。澎湃的"全景现场"采用两种方式再现地景风貌:其一,全景展示。画面以缓慢的速度作360度旋转,受众可以上下左右拖动鼠标来转换视线,并且可以点击地标性建筑观看细节。如《632米,在中国第一高楼顶,看看脚下的城市》呈现的黄浦江全景图,提供了模拟飞行模式来虚拟航拍时的视觉景观。其二,移步换

① Charles S. Peirce, *Philosophical Writings of Peirce*(ed. Justus Buchler),London:Routledge & Kegan Paul, 1956.
② 〔美〕温尼·海德·米奈:《艺术史的历史》,李建群等译,上海人民出版社,2007年,页224。
③ "632米,在中国第一高楼顶,看看脚下的城市",澎湃网,2015年1月15日,http://h5.thepaper.cn/html/pano/2015/01/shzx/index.html。

形。根据画面中的箭头指示方向在虚拟现场中前进,箭头的多种选择性提供了共享多重空间的可能性。受众可以在"走"完一条小道之后再体会另一条小路的风景。可以说新媒体时代的全景摄影将全景展示和局部观看融为一体,通过邀请受众视觉体验以制造时间流,将场景仿真化,由此达到"全景感识"现场的目的。

值得一提的是,同样运用三维数字技术的谷歌街景,提供的是另一种形式的全景图像。两者都强调视觉体验,但谷歌地图更注重生活体验和通行指南的实用性;而全景新闻现场更注重现场的即时性、场景性、细节性和故事性,不仅强调事件发生时的新闻现场,更注重现场采集的主观性和导向性,充分彰显拍摄者进行图像生产的意图。此外全景呈现的新闻现场因为与新闻要素相关,有时会具有娱乐性和消遣性,从而更大程度地满足受众的猎奇心理和偷窥心理。

与凝固画面的照片相比,新媒体全景摄影更像是介于照片和电视之间的媒介形式。桑塔格(Susan Sontag)曾指出照片与电视的区别,"照片比移动的形象更具纪念意义,因为它们乃是一小段时光,而非流逝的时间。电视是一连串不充分的形象,每个形象都会抵消其前在的形象。每张静止的照片则变成了一件纤巧物品特定的一刻,人们可以持有它并一再观赏"[①]。事实上,新媒体全景摄影的画面由于要制作成360度全景效果,画面往往会产生变形和失真,算不上一件"纤巧物品";但它归根到底仍然是静止的画面和画面的拼接,所以也并不像电视那样是用多个画面来填充流逝的时间。新媒体全景摄影是用时间的方式去呈现凝固画面的多视点,让受众得以"眼观六路"。作为数字技术时代的机械复制品,新媒体全景摄影既无原创艺术品的灵韵,也无本

---

① 〔美〕苏珊·桑塔格:《论摄影》,艾红华、毛建雄译,湖南美术出版社,1999年,页28—29。

雅明(Walter Benjamin)所言的犹如子弹击穿胸膛的震惊①,但它更注重受众对摄影作品的动态视觉体验。这种视觉体验缓缓铺陈,在动静结合的画面中,通过场景带入制造仿真的视觉幻象,在这个过程中,照片的价值不在内容本身,而是在照片组合所提供的延续性体验中。全景摄影用流动的时间和仿真的空间取代了凝固的时间和空间,由此制造出真实的幻象,照片中的内容是否真实变得无关紧要,观看行为和视觉体验过程的真切性和实在感对受众来说更加重要。

摄影的"造境"功能源于摄影时空分离的特性。摄影是时空分离的艺术,即拍摄的空间与观看时间的分离。摄影是将彼时的空间截取下来,并在此时的时空中呈现和解读,也就是说摄影所呈现的是历史的、时过境迁的事物,而无法实时同步、共时共享。正是摄影时空分离的特性,为其制造幻象与幻境埋下了伏笔。

全景摄影的"视觉造境"通过技术制造了视觉奇观,也把现实彻底变成了符号表征,正如居伊·德波(Guy Debord)所言,"在现代生产条件蔓延的社会中,其整个的生活都表现为一种巨大的奇观积聚。曾经直接地存在着的所有一切,现在都变成了纯粹的表征"②。由此人们的日常行为和生活被这种奇观所包围和影响,视觉图像在新媒体技术下,不断制造逼真的拟象和幻境,并通过视觉邀请和受众体验,营造出视觉消费的狂欢盛景。从某种程度上来说,新媒体全景摄影实际折射出"视觉转向"的时代特征,"就视觉文化转向而言,在文化总体大风格上,有一个从以话语(语言)主导的文化形态向图像(影像)为主导的文

---

① 〔德〕瓦尔特·本雅明:《机械复制时代的艺术作品》,王才勇译,浙江摄影出版社,1993年。

② Guy Debord, *The Society of the Spectacle*, Donald Nicholson Smith (trans.), New York:Zone Books, 1995, p. 12.

化形态的转变"①。也就是说，摄影逐渐从注重叙事性转向注重视觉性，这既是奇观社会的表征，也是奇观社会的结果。

（三）全景摄影：空间性与视觉认知

全景摄影的新形式和新样态影响人们对空间的认知，"空间认知是认知科学中重要的研究领域，研究人们怎样认识自己赖以生存的环境，包括其中的诸事物、现象的相关位置、空间分布、依存关系，以及它们的变化和规律"②。与传统全景摄影不同的是，在新媒体全景摄影中人们可以任意灵活地转换视点，也就是说通过转换视点，人们可以同时实现对某一景观和事物的多维观看，并且通过数码技术和电脑技术实现最大限度的细节性的观看，这是传统全景摄影所难以实现的。在传统的全景摄影照片中，拍摄者的高度、角度决定了全景的视点、视心和视高，也决定了观者位置，观者被置于拍摄者的位置进行全景观看。而新媒体的全景摄影通过前期的"无死角"拍摄及后期的拼接组合，让观者可以从任何一个视点进入全景照片所营造的虚拟空间进行观看，虽然拍摄所得从根本上决定观者所见，但从观看的过程来看，观者拥有一定的选择自由度和任意观看的可能性。也正是从观看过程的角度来说，当观者面对不同的全景摄影，其所处理的空间关系、空间分布是有差别的，因而也影响其对空间的认知。

空间认知能力主要指个体对客体或空间图形在头脑中进行识别、编码、贮存、表征、分解与组合、抽象与概括的能力，包括空间观察、空间记忆、空间想象和空间思维能力。因此，不同媒介手段实现的上海全景

---

① 周宪：《视觉文化的转向》，北京大学出版社，2008年，页264。
② 葛文、熊自明、郭建忠："虚拟地形环境中的空间认知问题初探"，《测绘与空间地理信息》，2008年第4期。

会因其制作方式和观看方式的差异影响受众的空间观察、空间记忆、空间想象和空间思维。根据人眼的视觉生理特征,"人眼的视角极限垂直方向大约 150 度,水平方向大约 230 度,双眼重合视域通常为 124 度,当集中注意力时约为双眼重视视域的五分之一,即大约 25 度"①,人眼视觉范围的有限性决定人眼只能处理有限的视觉信息,即使面对全景亦是如此,但全景所展现的视域和营造的环境能改变人们对空间的观察、记忆和想象。二维全景摄影照片的超视域,在视觉感知上给人以"统摄全局"的操控力和权力欲,三维全景摄影在交互性上给人以自主性、个体性和随意性。从这个角度来说,二维全景摄影照片更容易制造集体记忆,并在集体想象中形塑集体认同,三维全景摄影则在建构个人认知和个人记忆上体现出更大优势。

全景摄影所呈现的载体也会影响受众的空间认知。二维的全景摄影照片可以在平面媒体和电子媒介上呈现,三维的全景摄影只能在电子媒介上呈现。呈现在平面媒体上的全景摄影照片给人以"一览无余"的全局观和整体感,而呈现在电子媒介尤其是手机上的全景摄影则往往因屏幕的有限性以"局部"和"过程"来表现全景,前者在空间意义上展示"全景",后者在时间意义上拉开"全景",也正因如此,三维全景必须有受众和观者的参与才能实现,是与观者捆绑在一起的"观看方式的全景",而非"呈现方式的全景"。

---

① 钟正、陈卫东、周东波等:"基于全景视频的空间认知效果实验研究",《电化教育研究》,2018 年第 12 期。

第二节　全景上海:上海全景的视觉呈现

　　上海自 1843 年开埠后逐渐成为全国商贸中心,随着摄影术的引进和普及,外滩(The Bund)①西洋建筑群成为摄影取材的对象。从现存图像资料来看,上海最早的全景摄影始于 19 世纪末的外滩全景。1894年的上海外滩全景(图 3 - 2)②以摄影"长卷"展现了当时黄浦江沿岸的万国建筑群,辽阔的视野是以浦东为视点的浦西之望。对"洋"物的全景展现由此奠定了上海全景的基调。摄于 1942 年的《上海外滩全景图》(图 3 - 3)③以同样的图式展现了沿江鳞次栉比的万国建筑和货船往来如梭的繁忙江面,作为前景的浦东屋舍与对岸建筑形成传统与现代的鲜明对照。另一种样式的上海全景是高视点的航空俯拍,摄于1930 年左右的《上海全景鸟瞰——由飞机上拍摄》(图 3 - 4)④以航拍

---

　　①　"The Bund"原泛指东方与亚洲国家水域的堤岸、江边道路、码头,后在英文表述中逐渐成为指代上海原英租界黄浦滩的专有名词。在中文表述中,对这一空间和区域的表述也经历了从传统的"黄浦滩""浦滩""浦滨"向专有名词"外滩"的转化。所谓"外"源自"夷""洋"之变。研究表明,19 世纪末 20 世纪初"外滩"一词在口头语和大众报刊中流行。(参见钱宗灏、陈正书等:《百年回望:上海外滩建筑与景观的历史变迁》,上海科学技术出版社,2005 年,页 56—69)

　　②　上海外滩全景,1894 年摄,上海图书馆藏。来源:中国国家数字图书馆官网,http://read. nlc. cn/OutOpenBook/OpenObjectPic? aid = 531&bid = 26623. 0&id = 1017849&did =027051104074500。

　　③　上海外滩全景图,1942 年摄,上海图书馆藏。来源:中国国家数字图书馆官网,http://read. nlc. cn/allSearch/searchDetail? searchType = all&showType = 1&indexName = data_531&fid =027051104074503。

　　④　"上海全景鸟瞰——由飞机上拍摄"(Birds-eye-view of Shanghai from an aeroplane),《环球画报》,1930 年第 9 期,页 15。

图 3-2 上海外滩全景,1894 年摄,上海图书馆藏

图 3 - 3　上海外滩全景图, 1942 年摄, 上海图书馆藏

图 3-4　上海全景鸟瞰——由飞机上拍摄,1930 年摄

形式更宏观展现了黄浦江两岸的差异。不论立足浦东的扫视还是立足高空的俯视,黄浦江沿岸尤其是外滩万国建筑群成为上海全景必不可少的元素,这一视觉范式影响了此后上海全景的呈现,并建构了同质化的上海全景。

　　在当代上海全景摄影中,现代化高楼林立的浦东也成为突出展现的黄浦江沿岸风景,尤其是陆家嘴高楼建筑群作为国际性大都市的地标拥有极高的出镜率,它与外滩万国建筑群遥相呼应,共同构成最具标识性的城市景观和上海全景。立足浦西的上海全景摄影多以外滩摩天大楼群为取景地,不断刷新天际线的摩天楼不仅成为摄影机镜头不断"摹写"的城市表征物,也成为以时空维度塑造和展现上海形象的载体。

一、不同视点的"全景上海":从高楼到天际

　　随着上海城市现代化的进程加快,高楼大厦雨后春笋般涌现在上

海各大商业中心，早期的上海全景大多为"高楼摄影"。作为建筑实体的高楼能赋予拍摄者获得鸟瞰式全景的稳定视点。从高楼某一视点向下俯拍，所呈现的景观往往会给人以腾空感甚至梦幻感，因为那是突破人的肉身局限性所呈现的非常态之景。由于视点越高，所获得的视域越广，所以追求高楼摄影之"高"的"爬楼党"应运而生。对于很多摄影师来说，要捕获理想视觉效果的上海全景，他们会优先选择攀爬外滩沿岸的高楼，摄取外滩全景。

　　摄影师陈胤选择以外滩茂悦大酒店 53 层作为视点拍摄了上海全景摄影，这张照片将浦西的历史建筑群和浦东的摩登高楼"一镜全览"，参差错落的建筑群、高耸入云的摩天楼、蜿蜒曲折的江岸线、繁忙的黄浦江面，组合成一张典型的上海全景标准照。摄影师陈胤热衷于高位摄影，并拍摄了大量聚焦上海黄浦江沿岸的全景照片，他坦言这一职业习惯源于他第一次高楼俯瞰黄浦江美景的震撼，"当我第一次站在南京东路一幢 66 层的楼上，从镜头里俯瞰上海时，那感觉犹如身上过电一般，被脚下浦江两岸的美景彻底震撼了"①，在他看来黄浦江上海全景是最具代表性的魔都表情。同样热衷于高位摄影的《上海画报》首席摄影记者郑宪章，在 20 多年的职业生涯中从未停止过"爬楼"记录上海新高度的脚步。他注重天空变幻所赋予的上海风貌，经常在同一取景点拍摄一天中不同时间点的上海全景，呈现出云霞映衬下的不同景观效果。他感言："拍全景照片其实很累，这是一件需要长期坚持的事情。上海这座城市一直在长高、在变化，今天拍了一张好照片，

---

　　①　陈胤摄上海全景图等见"摄影师高处拍上海：张张科幻大片"，新浪网，2016 年 4 月 28 日，http://sh.sina.com.cn/news/b/2016-04-28/detail-ifxrtzte9736769-p2.shtml。

过几天一看，一座新的高楼又竖起来了，原来拍的照片就得更新。"①郑宪章的肺腑之言既道出了不断长高的摩天楼对高楼摄影师的诱惑，也道出高楼摄影的艰辛，看似简单的俯瞰式高楼摄影不断挑战高楼摄影师的取景方式和拍摄方式，也正因此，同样取景点的俯拍上海也呈现出上海全景的"万象"。

摄影师王栋就热衷于高楼摄影的创新。他以"主体在场"的视角记录下从金茂大厦俯瞰的上海全景，这张照片②的叙事主线显见于画面的前景：一位高楼摄影师在安全绳的保障下，在金茂大厦顶层手持照相机拍摄正在建设的上海中心。处于高空中重心偏移的摄影师与稳定的上海中心大楼形成了鲜明对照，也由此构成了画面的动静张力。上海全景作为这张照片的背景和辅线，给这张照片平添玩味之处。照片既鲜明地展示出高楼摄影师的艰辛，也以"旧高度"见证"新高度"的方式表明上海发展之快。如果说这张照片的创新在于身体位置和在场方式的选择，那么王栋还借助技术手段创新黄浦江上海全景，他以鱼眼相机拍摄并做了后期处理的上海全景照片③呈现出环状的上海全景夜景，黄浦江沿岸的夜灯所形成的橙色线条将陆家嘴的高楼群环绕起来，陆家嘴宛若一个被簇拥的小岛。这种经特殊处理并强调独特视觉效果的上海全景是具有作者意味的摄影作品，个性化的呈现既让受众饱览了迷幻上海的全景，也给人以无限遐想的空间。

不断成长的上海在不断变幻自己的"面貌"，上海全景恐怕难以穷

① 李宝花："达人：追拍上海城市色彩二十余年，这位摄影达人镜头里的魔都美到令人惊叹"，上观新闻，2018年10月25日，https://www.shobserver.com/news/detail? id＝112328。

② 照片见蜂鸟网"旅游摄影"个人图集，http://travel.fengniao.com/slide/366/3663595_1.html#p＝1。

③ 照片见王栋："不同视角看城市 blackstation 的影像故事"，蜂鸟网，2015年9月15日，http://qicai.fengniao.com/532/5326298.html。

尽。虽然摄影师以爬楼、想象等方式去呈现客观的或主观的上海全景,上海全景亦无法穷尽,但是人们试图去穷尽上海全景的热望从未消退,尤其是技术发展所带来的新机遇,也给上海全景摄影带来无限可能。

飞行器的使用极大释放了高位取景的潜能,借助飞行器和直升机可打破高楼摄影的限制,获得更自由的高空视点和视野,但航空摄影的受制因素较多,因此并未成为上海全景摄影的主角。无人机的普及和使用再次为高空摄影提供了发展空间,上海全景从"高楼摄影"转向了"高空摄影"。如果说媒介是人的延伸,"任何媒介(即人的任何延伸)对个人和社会的任何影响,都是由于新的尺度产生的,我们的任何一种延伸(或曰任何一种新的技术),都要在我们的事务中引进一种新的尺度"①,高空摄影依托飞行设备以鸟瞰的方式延伸了人的眼睛,并赋予全景摄影更大的欲望张力与潜能。但随着无人机的使用在国家和地方层面日渐受到管控,如 2015 年《上海市遥控航空模型飞行管理办法》、2018 年《无人驾驶航空器飞行管理暂行条例》的出台,无人机航拍被纳入规制范围。基于此,大量上海航拍全景摄影多出自官方和专业制作,例如《航拍上海》就是由中共上海市委宣传部联合上海广播电视台制作完成,片中大量运用直升机拍摄,辅以无人机和高楼摄影,全面展现了上海 16 个区的风貌,由此塑造了空间地理上的完整上海形象,彰显上海的城市魅力。获得无人机飞行员驾驶执照的陈胤拍摄了视野更开阔的上海全景,无人机突破了高楼的高空优势,赋予摄影师拍摄更高更广博的上海全景的潜能,高度所创造的新空间让陈胤感慨,"想想可以'飞'起来拍上海,太带劲了"②。

---

① 〔加〕马歇尔·麦克卢汉:《理解媒介:论人的延伸》,何道宽译,商务印书馆,2000年,页 33。

② 陈胤摄上海全景照片等见"摄影师高处拍上海:张张科幻大片",新浪网,2016 年 4月 28 日,http://sh.sina.com.cn/news/b/2016-04-28/detail-ifxrtzte9736769-p3.shtml。

　　从某种程度上说,照片的取景视角本身就是城市发展进程的体现。不断攀升的高楼代表了上海的高度和速度,不断发展的技术和永不停止脚步的记录者也展现了上海不断运动的进取精神。很多摄影师在不断追逐上海全景的摄影实践中感慨魔都"表情"的丰富性,他们通过不断超越高度、巧妙选择视点、综合运用技巧的方式,将他们眼里看到的和心中所感受到的上海全景"造相"于世人眼前。

二、主体差异的"全景上海":从官方到民间

　　全景摄影逐渐成为展现城市形象的"标配",并不断用于信息生产与发布中。上海人民政府新闻办公室政务微信公众号"上海发布"常以上海全景照片作为推送内容的封面图,一方面全景照片的长宽比更适合微信封面2.35∶1的比例,另一方面也便于以最直接的方式展现"全面"的上海形象。不少全景照片成为标准配图,被反复用于不同的新闻报道中,如2019年11月13日的推文《同处长江经济带,同为"一带一路"重要枢纽节点! 李强会见成都市党政代表团一行》封面选用的是一张黄浦江上海全景照片①,这张照片仅2019年11月就三次被用于不同推文。此外全景照也成为上海城市旅游推介的"标配",如上海城市形象推广中心研发和运营的旅游资讯类APP"游上海"就选用外滩全景照片作为开屏和主推文章的封面,取景外滩的上海全景照片成为旅游宣传推介上海的首选。从照片使用和传播的情况来看,上海黄浦江全景照片代表上海已成为无意识的官方

①　图片作者不详,图片见"同处长江经济带,同为'一带一路'重要枢纽节点! 李强会见成都市党政代表团一行",上海发布,2019年11月13日,https://mp.weixin.qq.com/s/n9nBoyKG65sizS_9eM312A。

选择。

全景照除了作为政府机关进行城市和政务形象宣传的标准照之外，媒体在表征城市形象上也偏好用全景照作为象征符号。1995 年上海画报出版社出版的《上海游》(第一版)画册中，就在开篇使用了当时的黄浦江全景照片①，这张照片所具有的历史感跃然纸上，彼时的陆家嘴仅有东方明珠一座高楼一枝独秀，但浦东的建设正如火如荼地进行。这本画册作为当时的旅游资讯和宣传画册，聚焦最能代表上海的地标性建筑东方明珠，并以全景照的方式呈现浦东全景，既成为后续不断涌现的浦东全景照的"底板"，也成为上海城市发展的见证。

与官方严整规范的上海全景"标准像"不同，来自民间的上海全景摄影丰富了上海城市形象的意义空间。业余摄影师魏根生是高空塔吊工作者，作为金茂大厦、上海中心等多个上海摩天楼的建设者，他以日常生活的视角拍摄了他个人眼中的上海全景。魏根生在二更视频采访中坦言，"自己就是在建筑行业刷新制高点的一个建筑工人"。这一工作性质为高空摄影拍摄提供了便利。他的"海上奇观——虹"系列摄影作品之一②拍摄于 2013 年 9 月 20 日的上海中心施工地，晨光把吊车的影子投射到云层上，在空气中折射出一道奇妙彩虹，制造出俯瞰上海的奇幻效果。在魏根生的作品中，"吊车"和"云"是比较鲜明的元素，吊车的"出镜"既暗示了作者的身份，也增添了作品的层次。不同于城市漫游者，魏根生在工作和劳动的状态下记录正在建设中的现代上海，

①　图片作者不详，图片见"两本老画册再次让你梦回 90 年代的上海！"，搜狐网，2019 年 4 月 9 日，http://www.sohu.com/a/306920210_183481。

②　"海上奇观——虹"系列作品之一，魏根生摄。来源："塔吊上的风景：建筑工人魏根生用独特视角记录城市发展"，《文汇报》，2018 年 5 月 15 日，http://culture.workercn.cn/32874/201805/15/180515093739544.shtml。

为上海全景增补"闲趣",成为官方全景摄影之外的"闲笔"。魏根生的一些作品自带调侃的娱乐性,同样是在上海中心建设过程中拍摄的作品,他借助视差在镜头下用塔吊的吊钩将金茂大厦"吊"起来了,除了金茂大厦外,东方明珠、环球金融中心等摩天楼都无一例外在他的摄影作品中被"吊起来"。这组被人们戏称为"修理"系列的图,既带有"工作"的性质,即塔吊的施工让摩天大楼拔地而起,也带有标新立异的性质,即不同于官方"标准像"的个人化表达。比如"海上奇观——虹"系列摄影作品中的另一幅作品①亦是如此,他以高远的视角俯拍了阳光照耀下的上海,层层叠叠的雾气中楼群高高低低耸立着,像是墓碑又像是纪念碑,光影的氛围和楼群的线条更增添这座城市的迷幻。

如果说官方的全景标准照是意义明确的,民间的上海全景照则有更丰富的意义空间,等着观者去探索和想象。此外,来自民间的全景照对于个人来说,不仅是见证,更是陪伴;不仅是物的表征,更是人的显现。魏根生自1996年转行从事高空塔吊工作以来,高空摄影陪伴他走完了余下的职业生涯。他的作品中不仅见证了上海的高速发展,更记载了城市发展中默默做出贡献的建设者和劳动者。他坦言,"看到城市在不断地发展,建筑在不断地增高……能看到上海城市的变化心里蛮自豪的"。如果说风景摄影有助于形塑民族认同感与归属感②,对摩天楼反复"摹写"的上海全景摄影也建构起人们对上海城市形象的认识与认同,既包括摄影的受众,也包括摄影实践者。

黄浦江上海全景在不断的摄影再现和摄影实践中成为上海的一张名片,对官方来说,经济的高速发展和古今交融的历史成就了黄浦江上

---

① "海上奇观——虹"系列作品之一,魏根生摄。来源:孔亚维:"这个工地民工塔吊老司机,是全上海站得最高的摄影",2016年8月31日,搜狐网,https://www.sohu.com/a/112921048_248257。

② 郭力昕:《阅读摄影:郭力昕摄影批评》,浙江摄影出版社,2014年,页31。

海全景的标准像；对个人来说，这是可以迅速把握上海风貌代表上海形象的标识，是能引起个人对上海记忆、感怀和想象的标记。

第三节 上海"幻影"：全景摄影与视觉造境

一、"环视"全景：巨型"全景展示圆厅"与外滩全景

如果从观者和全景画/照的空间关系角度来分，可分为两种全景观看。第一种是"环形全景"观看，即观者在一个中心点上做360度旋转，即可饱览全景。在这一关系中，观者与全景是"之间/之中"的关系，即观众为全景所包围。就全景画来说，是通过固定的展示空间场所的圆柱形构造，来营造观者与全景"之间"的效果，观者被全景包围但观者不属于全景中的一部分；就全景照来说，也同样要借助建筑构造即位于市中心的摩天大楼及其顶层平台和观光长廊，来营造观者与全景"之中"的效果，观者被全景包围且观者嵌入全景成为其中的一部分。与全景画将绘画贴于圆筒形墙壁的有限空间和有限视域不同，摩天大楼的全景观看和全景照，是借助现代建筑的玻璃结构，以"透明性"将肉眼可及和照相机透镜可及的视域以"逼视"的方式凸现在观者面前，这种具有现代性的观看方式，依托现代建筑结构、现代摄影技术往往会制造出比19世纪全景画更大的"震惊"。位于摩天大楼所摄取和观看的全景照，全景与透明玻璃墙面是分离的关系，全景照与其说是摄影师的主动"扫射"，不如说是现实景观在时间脉络中积累的"垒块"，它们

在城市建造者、城市人的关联体系中"生长""剔除""增添"。不同于全景画用固定标准制作和展示的"统一性",摩天大楼的全景照展现出因时间流逝、高度增加所赋予的"差异化"观感。正所谓站得越高看得越远,摩天大楼不断刷新天际线,它吸引人们站在不同高度去览胜的魅力和魔力从未减少。当然这里所强调的观者是第一重观看的观者,包括摄影师、游客和任何在摩天大楼观看上海全景的人;而观看这类全景照片的受众,是第二重观看,第二重观看基于第一重观看,它以零碎的、散落的状态呈现,观者只能看到某一视角的全景照。换言之,具身性的全景观看和客体化的全景观看,所体会到的上海全景有所差异。

正因为具身性的全景观看带来不一样的观感,不断发展的技术以最大可能实现或拟仿具身性的全景观看。另一种全景照即利用3D数码技术制作完成的全景照,实现了"可移动全景"的全景观看。全景在人们的指尖点击下被"把玩",观者与全景是"之外"的关系,即观者借助电子设备和软件来实现虚拟的全景观看,观者可以根据自己需求选择任何角度、任何路径的观看。这较第一类观看具有更强的受众自主性,也更大程度实现了沉浸式传播,它大大突破了"时间"限制,实现了随时观看,且观看时间轴由观者自行决定;它也突破了"空间"限制,观者可在任意地点随即观看。

二、球面全景:魔都的时空辐辏

基于 VR 技术所呈现的虚拟动态交互式全景,颠覆了二维平面的观看方式,将传统最大范围 360 度的环视全景转变为兼具水平方向和垂直方向的立体球面全景。这种全景摄影要求采用多镜头全景摄像机拍摄,其特点是"能够涵盖(或近似涵盖)以拍摄点为中心的全部球面环境。拍摄过程中由于是360度无死角全景拍摄,创作人员需要进行恰当的隐藏"①。

呈现在电子媒介中的上海VR全景大多为球面全景。球面全景借助具身化效果,依托媒介传输和接受设备更大程度地实现沉浸式传播,人们可以身临其境地体验某高位视点所观看的上海全景。由于受众具有选择视点和观看进路的主动性,球面全景的观看亦可实现观看的个人化,它极大地释放了人们的空间想象力和空间定位能力。有学者将空间认知能力概括为空间可视化(spatial visualization)和空间定位能力(spatial orientation)②,也就是说,在球面全景的观看过程中,受众以主动定位和想象的方式对上海的空间认知呈现出累积的叠加效应,受众的每一次观看选择,都增加了对上海城市空间不同维度的理解。此外球面全景依托摄像机之眼,既制造和仿真了现场观看的"全视角",也延续了机械复制术的优势,生产并弥补了肉眼所不能见的"无死角"观看。本雅明认为机械复制术颠覆了传统的观看主要体现在:放大、加速、无意识。所谓"放大",即对象物的细节可以精微地呈现,"对准哪些隐藏于熟悉事物中的细节,用神奇的镜头探索平凡的地方"③;所谓"加速",它与"放慢"都在速度层面丰富了观看的向度,"由于这项技术的运用,物质显现出新的结构;速度的放慢使我们原本已知的动作形式

---

① 钟正、陈卫东、周东波等:"基于全景视频的空间认知效果实验研究",《电化教育研究》,2018年第12期。

② J. P. Guilford, B. Fruchter, W. S. Zimmerman, "The Description of Spatial-Visualization Abilities", *Educational & Psychological Measurement*, Vol. 17, No. 2 (1957), pp. 185-199.

③ 〔德〕瓦尔特·本雅明:《摄影小史》,许绮玲、林志明译,广西师范大学出版社,2017年,页97—98。

更为突出,不仅如此,还发现了完全不为人知晓的其它形式"①;所谓"无意识",即摄影机的观看打开了无意识的经验世界,"与摄影机对话的'自然',不同于我们眼中所见的'自然',尤其是因无意识行为的空间取代了人自觉行动的空间"②。球面全景摄影在这三个方面都大大释放了人们观看的意义空间,因"放大""加速""无意识"因素的作用,观看更易陷入全景所包围的"漩涡",从何处皆可入手观看,从何处皆可抽身停看,上海形象在全景呈现中变得更魔幻。

上海素有魔都之称,"魔都"一词最早源于 1924 年日本文人村松梢风的著作《魔都》③,用来指称 20 世纪上半叶光怪陆离、新潮时尚的上海。当时的上海被称为"冒险家的乐园"、"东方巴黎"、梦想与欲望的汇集之地。这一称谓一直被保留下来用以指称近代以来和当下的上海,这一具有涵盖力的词汇彰显出上海城市自身的"魔性"及其"变与不变"。有学者将上海的"魔性"解释为"辐辏的时间性",即"仅仅在 150 年的短时期内,上海便轻易地走完了西方的近代化历程"④;以及"辐辏的空间性","上海实际上被分割成两个性质完全不同的空间,一个是以旧上海县城为中心的拥有 700 年历史的传统空间,另一个则是以所谓的'租界'为中心的仅有 150 年历史的近代空间"⑤,上海城市空间在历史的沉淀中实现了传统空间与现代空间的并置。围绕摩天大楼

---

① 〔德〕瓦尔特·本雅明:《摄影小史》,许绮玲、林志明译,广西师范大学出版社,2017 年,页 98。
② 〔德〕瓦尔特·本雅明:《摄影小史》,许绮玲、林志明译,广西师范大学出版社,2017 年,页 98。
③ 〔日〕村松梢风:《魔都》,徐静波译,上海人民出版社,2018。
④ 刘建辉:《魔都上海:日本知识人的"近代"体验》,甘慧杰译,上海古籍出版社,2003 年,页 1。
⑤ 刘建辉:《魔都上海:日本知识人的"近代"体验》,甘慧杰译,上海古籍出版社,2003 年,页 2。

的上海球面全景将上海的魔性幻化出来，球面全景营造出完整叙事场从而制造出更逼真的仿真效果，"叙事场是全景视频的基本单位。叙事场类似于平面视频的情节片段，但不是二维平面的，而是时间向度上的立体空间"①。在 VR 球面全景中，观者的视点和进入"情境"的方式是个体化且无规律的，球面全景重塑了沉浸式的叙事场，使观众在全方位调动感觉器官的过程中实现空间连接和转换的立体感。此外这种立体化的感知效果又开辟了自我与画面非"客体化"的沟通关系，不仅作为观者的自我在这个过程中的主体性被放大，作为现实镜像的全景照片在这个过程中也被赋予了能动意义，在与主体的感官交互过程中彰显出辐辏时空的魔性。

三、陆家嘴全景："上海中心"的神话

（一）天际线与国际性

以时空维度来表达上海的现代性，浦东陆家嘴景观建筑群成为摄影机镜头不断"摹写"的对象。其中不断刷新魔都天际线的摩天楼又成为重中之重。从现代性的角度来看，摩天楼在造型、高度和速度上凝结了现代性特质，也成为上海全景的标配。

摩天楼自 20 世纪以来就成为上海现代化的景观标志，20 世纪初上海以"异质化"的西方建筑形象吸引了来自全国各地的人。李欧梵曾指出，"普通中国人第一次看到这些耸立在繁忙江畔和路边的庞然大物时一定吃惊不小，它们看上去一定像是从另一个世界来的，而事实

---

① 陈世灯、徐刘杰："全景宣传片的叙事伦理分析及叙事策略研究"，《影视制作》，2018 年第 10 期。

也确实如此"①,当时的高层建筑多为外国人居住和办公之所,这样空间准入受限的不可触及之物,也平添了人们对它的想象。作为资本象征物的摩天大楼发展到现当代已从身份象征的隔绝之地,转变成人们竞相追逐现代和标榜意义的开放之地。

　　摩天楼是现代工业文明的产物,它以钢筋水泥和玻璃构造的"超级建筑"样式成为城市中最醒目的标志物,也成为标志一个城市现代化程度的符号。上海作为现代化的标杆城市,摩天楼的数量和高度在全国乃至亚洲都是首屈一指。据统计,上海十大最高摩天楼排行榜依次为:上海中心大厦(632米)、上海环球金融中心(492米)、上海金茂大厦(420.5米)、上海白玉兰广场(320米)、上海世贸国际广场(333米)、上海恒隆广场(288米)、上海明天广场(283米)、上海信息枢纽大楼(288米)、上海香港新世界大厦(278米)、会德丰国际广场(270米)。② 这些建筑自身既成为展现上海现代性的标志,也成为再现或再造上海现代性的取景地。

　　从建筑高度来看,上海摩天楼的高度早已超过很多欧美城市的摩天楼。2016年伦敦建筑高度排行榜显示,居于伦敦首位的"玻璃尖"为310米。而上海最高楼上海中心大厦高632米,是伦敦最高楼的两倍。从建造速度来看,"英国人从1966年建成117米的'中心点'大楼到2013年2月1日正式开放的'欧洲第一高度',用了差不多半个世纪",与之相比,中国"摩天大楼的数量与整个亚洲国家摩天大楼总和相当,

---

　　① 〔爱尔兰〕格雷戈里·布拉肯:《上海里弄房》,孙娴等译,上海社会科学院出版社,2015年,页107—109。

　　② "2017震惊世界的上海最高十大高楼排行榜",搜狐网,2017年10月10日,http://www.sohu.com/a/197189177_216652。

只用了 20 年时间"①，就与国际大都市比肩，"上海如今的摩天楼数量超过曼哈顿"②。《时代》杂志等多家媒体曾把上海列为"21 世纪与纽约争夺'世界中心'的对手"③，随着城市现代化进程的加快，摩天楼成为上海展示现代性、国际性的标志。

摩天楼往往被视为物质、资本、商业、现代的象征，支撑高层建筑的基础是现代建筑材料、现代建筑理论、动力学等现代化的知识体系和管理架构，"摩天楼提供了引人注意的规模和外表，并在体积和高度之上相互竞争，密集的摩天楼标志着现代都市的中心，是商业主义的象征，具有典型的商业文化特质"④。摩天楼除了以高度与速度作为现代化的标识外，其"一柱冲天"的男性隐喻也成为彰显都市现代性的重要表征。美国艺术家安迪·沃霍尔（Andy Warhol）曾于 1964 年拍摄了一部黑白默片《帝国大厦》，用镜头对准帝国大厦让摄影机自动运行。"当时有一个朋友问：'拍摄会持续多久？'安迪说：'勃起八小时。'他的朋友因此劝他冷静点，但安迪指着帝国大厦说，'我觉得它很像男性生殖器'。"⑤可以说，从摩天楼的形制、高度、速度上看，它都与现代化城市的特征暗合，成为极具表现力的城市形象物件。摩天楼成为现代城市最具代表性的景观，对摩天楼的全景取景和视像再现加速了这一景观的生产传播，并强化了其作为现代都市景观的象征意义。用居伊·德

①　周康梁：《英国那一套：带着好奇心探寻大不列颠》，南方日报出版社，2018 年，页125。

②　〔爱尔兰〕格雷戈里·布拉肯：《上海里弄房》，孙娴等译，上海社会科学院出版社，2015 年，页 44。

③　Pamela Yatsko, *New Shanghai：The Rocky Rebirth of China's Legendary City*, Singapore：John Wiley and Sons（Asia），2001，p. 9.

④　姜利勇：《高层建筑文化特质创意设计》，国防工业出版社，2016 年，页 103。

⑤　毛尖："屁股、帝国大厦和高度孤独：谈先锋的'现实'"，载毛尖：《非常罪非常美：毛尖电影笔记》，广西师范大学出版社，2010 年，页 153。

波的话来说,"在现代生产条件无所不在的社会,生活本身展现为景观(spectacles)的庞大堆聚。直接存在的一切全都转化为一个表象"①,以摩天大楼为视觉中心和展现对象的上海全景摄影在多重主体的不断生产传播中,堆积成表象,一方面表征人与空间、人与城市的关系,另一方面也将现代性、全景观予以实在化,景观是"实在化的、物质化了的世界观。它是已经对象化了的世界观"②。

(二) 陆家嘴:"上海中心"的隐喻

综观上海全景摄影,不论是环形全景还是球面全景都无一例外地以黄浦江沿岸的陆家嘴金融中心和万国建筑群为再现对象,就取景视点来看,又以陆家嘴金融中心的摩天大楼为重心。在上海全景的反复呈现和不断复制再生产过程中,上海全景被凝练和简化成陆家嘴全景,即从浦东高空俯瞰的黄浦江全景成为上海的标志性景观并成为上海城市形象的表征。随着不断刷新天际线的浦东摩天楼的兴建,目前最高楼"上海中心"在不断攀升的摩天楼中成为名副其实的"上海中心",这既是地理方位概念上的上海中心,也是城市形象和地方性表达的上海中心。本雅明曾指出摄影具有"提供证据"的功能,由此"获得了一种隐秘的政治意义"③,随着时政新闻与"上海中心"这一景观的"叠加"呈现,"上海中心"被赋予的政治意义加速制造出它作为上海形象代表的神话。

当今上海城市的"中心"在视觉序列和表现上"定格"在浦东,这在某种程度上来说既是对近代城市发展历史的延续,也在时间序列上形

① 〔法〕居伊·德波:《景观社会》,王昭凤译,南京大学出版社,2006年,页3。
② 〔法〕居伊·德波:《景观社会》,王昭凤译,南京大学出版社,2006年,中译序页4。
③ 〔德〕瓦尔特·本雅明:《机器复制时代的艺术作品》,王才勇译,江苏人民出版社,2006年,页65。

成了与浦西的"对话"。陆家嘴成为上海现代性的标杆，既是经济事件也是政治事件。浦东新区作为全国经济和金融中心始于1990年的中央政策的倾斜和中国经济改革工作的展开。1993年编制的《上海浦东新区手册》明确了浦东新区的现代化发展目标，"浦东新区要按照建设具有世界一流水平的现代化新区的要求，进行总体规划，分步实施……使浦东新区成为21世纪上海现代化的象征"[①]。其中陆家嘴中心的核心地位被明确提出，"在浦东陆家嘴中心区和张杨路中心区约3平方公里地区……逐步形成金融、商贸、物流配运、信息四大中心，成为中国最大的CBD网络"[②]。在指导方针上，手册明确了浦东新区以国际性作为名片和标识予以打造和发展，"开发浦东要面向全国，面向世界，改变过去拘泥于'上海牌'的做法，真心实意地搞'中华牌'，积极探索搞'国际牌'"[③]。可以说陆家嘴搭乘政策红利的快车，一路高歌猛进，短短几十年的时间就发展成为上海现代性的地标。

　　世界高层建筑历史亦不过百余年，但摩天楼俨然迅速成为世界各地标榜现代性的重要砝码。为了在更短的时间内突破天际，各大城市竞相加入了摩天大楼试比高的造楼竞赛中，"全球的摩天楼都经历了一个模仿、再生、拓变的衍生过程"[④]。全球各地的高层建筑虽然在造型上力图形成个性化和特色化，但摩天楼在建筑基因上的现代性使其很难与地方性相融合，而成为资本运作下的标准化产物。这既构成了全球现代化景观的同一性，也加速了现代化的一体化进程，至少在视觉

　　① 上海市浦东新区管理委员会编：《上海市浦东新区手册》，上海远东出版社，1993年，页12。
　　② 上海市浦东新区管理委员会编：《上海市浦东新区手册》，上海远东出版社，1993年，页12。
　　③ 上海市浦东新区管理委员会编：《上海市浦东新区手册》，上海远东出版社，1993年，页13。
　　④ 姜利勇：《高层建筑文化特质创意设计》，国防工业出版社，2016年，页33。

机制、视觉体验、视觉感知上都趋于一体化和同一化,"建筑从来就具有趋同性,历史建筑在一定的地域内趋同,现代建筑则在全球范围内趋同,'国际性'蔓延至我们生活的城市"①。随着城市现代化进程的加快,浦东成为摩天楼展示的"舞台",也成为上海展示现代性、国际性的"舞台"。

四、上海"幻影":全景制造与城市镜像

(一) 城市"人":上海镜像与主体位置

符号学家赵毅衡曾讨论了艺术作品中的主体意向性即作品构成要素中的艺术家个人人格的问题。有些艺术作品中的主体意向性是自觉的,有些是不自觉的,来自潜意识。"艺术中的主体性之所以值得讨论,是因为艺术并非意义的'呈现',而是意义的'再现'"②,"再现"须借助媒介表达意义,艺术作品本身与主体之间无法实现镜子式的再现,"艺术的存在,本身就是通过媒介再现出来的违拗主体意愿的存在,在任何情况下不可能是主体意愿的直接呈现"③。也就是说,至少艺术作品和主体之间要受制于联结它们的媒介。对于摄影作品来说,摄影照片和拍摄者之间受制的媒介不仅仅包括摄影器材、成像技术等硬件条件,还包括广义的媒介情境,如拍摄者所处的位置、场景,拍摄者与拍摄对象的距离等。概言之,摄影照片与拍摄者之间的媒介既包括实体意

---

① 姜利勇:《高层建筑文化特质创意设计》,国防工业出版社,2016 年,页 32。
② 赵毅衡:"主体'部件出租':论作品中艺术家主体性的表现方式",《思想战线》,2019 年第 5 期。
③ 赵毅衡:"主体'部件出租':论作品中艺术家主体性的表现方式",《思想战线》,2019 年第 5 期。

义的物质性媒介，也包括两者之间的象征性媒介。就全景摄影而言，高空拍摄取决于协助取景拍摄所要抵达一定高度的摄影器材如无人机、摩天大楼、升降机、透明玻璃窗、城市景光灯等，也取决于数码技术所营造的虚拟空间"再造"的场景和媒介。这两者之间，通过现代技术的无缝衔接，实现了新的"造境"和意义呈现。尤其是现代技术背后所涌动的"受众意识"，让作品和主体意愿之间实现了更多元的意义表达，"违拗"、溢出主体意愿的意义在多种媒介技术的巧遇与"合作"中被凸显出现。

　　对于再现现实题材的艺术作品来说，主体与艺术作品又不可脱离社会历史文化而独存，"艺术是社会文化历史的生成物，艺术家只是社会经验的一个出口"①。福柯就主张作者对社会文化的从属性，应考察"这篇文本存在的方式是什么？""它来自哪里？怎样流传？谁控制流传？""可能的主体是如何安排的？""谁完成主体的这些不同功能"②。如果将艺术作品和创作者之间看作是一种有距离的关系，那么如何理解艺术作品，就需要引入"拟主体人格"的概念，也就是要阐释支撑艺术作品生成背后的一套价值和意义体系，"一个艺术文本，具有合一的时间和意义向度：任何表意文本必定有一个文本身份，文本身份需要有一个拟发出主体，即'隐含创作者'，一个替代主体性的集合"③。

　　正是基于此，作者主体性呈现出"零售性"的特质，即不管是什么样的作品，我们都只能看到一部分的作者主体性，即"作者有意或无意

----

① 赵毅衡："主体'部件出租'：论作品中艺术家主体性的表现方式"，《思想战线》，2019年第5期。

② 〔法〕米歇尔·福柯："什么是作者？"，林泰译，载赵毅衡编：《符号学文学论文集》，百花文艺出版社，2004年，页513—524。

③ 赵毅衡："主体'部件出租'：论作品中艺术家主体性的表现方式"，《思想战线》，2019年第5期。

借出来给作品的一部分,不是整体出售,也不是批量出售"①,而是七零八碎因作品而异的"零售"。随着媒体表达方式越来越趋向于个体化,作品与个人之见的关系也呈现出主体性"部分租赁"的性质,如自拍、自传体、自画像等形式,"艺术家'借出'自己的主体性'部件',例如名字、形象、思想、经历给文本,让文本携带了一系列料想不到的意义"②,也正是通过这种方式,文本具有了反思主体性的意义。

新技术手段如无人机和数码成像技术,赋予了主体性"部分租赁"的更多可能,这在民间摄影实践中体现得尤为明显。摄影师主动以工作物件(吊车)、身体出镜的方式"部分租赁"主体性,通过多元化的实验性尝试,丰富上海全景摄影的意义空间。这些主体性"部分租赁"的全景照片,既是具有个人仪式感和叙事性的照片记录,也传达出个人与城市的关系,抑或游客身份,抑或建设者身份。在这种融入了多元主体创作和主体性"部分租赁"的全景摄影中,上海全景和城市形象具有了个体温度,同时这些以散落的个人主体拍摄的全景照片的集合,又构成了上海全景的历史感,即便拍摄地点相同,即便所呈现的全景具有同质化,但细节性的城市变化正在这些照片的"叠影"中浮现,城市的变迁在这些照片的"聚合"中彰显。

(二) 城市镜像与视觉权力:全景摄影的政治学

全景摄影通过"视觉造境"的方式将图像消费带入一个体验的时代。图像在被体验的同时,图像的力量也在消解,因为"迹象图像将人

① 赵毅衡:"主体'部件出租':论作品中艺术家主体性的表现方式",《思想战线》,2019 年第 5 期。
② 赵毅衡:"主体'部件出租':论作品中艺术家主体性的表现方式",《思想战线》,2019 年第 5 期。

们的注意力从图像本身的特性中转移出来"①，也就是说视觉图像中"像点"的不断转移或"像点"的泛滥化，会消弭图像的力量。新媒体全景摄影，将移步换形和视点转换作为视觉体验的重要方式，从这个角度来说，体验的过程就是图像力量消解的过程。

但图像力量的消解是针对图像内容而言，图像形式本身却在内容抽空化的过程中变得更加有力。图像本身就是存在感，是控制力，是具有物质性力量的生产力。事实上，源于图像的视觉权力早在摄影术诞生之初就已彰显出来。从社会管理和国家治理层面来说，摄影以科学客观的机械复制术被广泛应用于医疗证明、犯罪侦查、人事存档、社会管理和社会监控。19 世纪末照相被用于人事管理、验明身份和备案留底，"宣统年间，学部作出规定，凡参加各类考试的学生必须在考前拍照，否则不准参加考试"②。摄影照片通过"肖像照"的方式建立个人形象信息档案，不论是名人名媛的肖像炫示，布衣平民的肖像纪念，还是作奸犯科者的肖像存档，照片建构起一个身份识别系统和身份重组系统（identity reorganization），为社会的有序运行提供可视化的依据。

新媒体时代的全景摄影，将图像的视觉权力演绎得更加淋漓尽致。在全景摄影的"造境"幻景中，观看方式胜过观看内容，观看行为和视觉体验更具意义和生产力。新媒体全景摄影中的权力关系可以从两方面来理解：其一，"看与被看"中受众与全景摄影作品的关系。受众在观看新媒体全景摄影的过程中，具有一定的主动性，他们可以通过鼠标移动和景观选择来主动观看其感兴趣的内容，"观看者是主动的、欲望性的，而被观看者则是被动的和被展示的"③。但这种观看又不同于传

---

①　韩丛耀："图像符号的特征及其意义解构"，《江海学刊》，2011 年第 5 期。
②　葛涛："照相与清末民初上海社会生活"，《史林》，2003 年第 4 期。
③　周宪：《视觉文化的转向》，北京大学出版社，2008 年，页 80。

统摄影作品的"凝视",由于新媒体全景摄影是在时间流动的过程中全息体验现场,是视觉旅行和视觉体验,所以其视觉特征实质是多种视觉行为的综合,或有注视,或有凝视,或有浏览,或有静观。不同类型的观看可视为不同级别的视觉权力,正所谓"凝视绝不只是去看,它意味着一种权力的心理学关系,在这种关系中,凝视优越于被凝视的对象"①。在任何一种形式的观看行为中,观看主体都有一种视觉优越感,"看"优于"被看",而视觉优越感背后折射出身份优越感,观看主体优于被观看的对象。从这个角度来说,受众乐于沉浸在新媒体全景摄影的场景中还有其背后的视觉心理因素,即在观看的同时能充分释放其视觉权力欲望。比如《632 米,在中国第一高楼顶,看看脚下的城市》就让受众置身于 632 米的"上海中心"去全方位俯视黄浦江两岸的风光,这一再次刷新上海城市天际线的高楼,也刷新了都市建筑的视觉高度,受众在"居高临下"的观景体验中获得并满足了视觉征服的欲望。

　　其二,从信息生产中拍摄者与受众的关系来看,新媒体全景摄影可以不断生产出权力。视觉从本质上来说是"认知型"器官,建构了主体对外部世界的认知,"透过这一'认知型'的分析,我们可以瞥见视觉是如何变成权力工具的,以及它如何一方面受制于权力,另一方面又不断地生产出权力来"②。新媒体全景摄影一方面赋予受众前所未有的观看主导权,让他们体会到视觉观看的权力;另一方面又通过影像的生产制作不断彰显和布控更大的视觉权力。根据把关人理论,新媒体全景摄影给予受众视觉权力的表象下,实际隐藏着更宏观且组织化了的权力机制和权力运作。选取什么样的摄影场景,如何呈现这些摄影场景

---

　　①　Jonathan E. Schroeder, "Consuming Representation: A Visual Approach to Consumer Research", in Barbara B. Stern (eds.), *Representing Consumers: Voices, Views and Visions*, London: Routledge, 1998, p. 208.
　　②　周宪:《视觉文化的转向》,北京大学出版社,2008 年,页 83。

都受制于拍摄主体及其所属的媒介机构；拍摄意图和报道方针都在图像生产过程中被编织进去；受众的图像消费和解读同样受制于图像生产背后的权力机制，新媒体全景摄影通过图像生产源源不断地输出权力，由此对受众进行视觉规训。

　　也正是在视觉权力的流动过程中，图像与日常生活形成了"互动"，全景摄影的属性也发生了变化：从记录的手段到体验的工具，从聚焦的凝视到无焦的敞视，从信息传递宣传鼓动到体验式消费。摄影图像也成为重要的视觉要素和视觉工具嵌入到媒介生产消费的链条，嵌入到意识形态生产与再生产的链条。

　　此外，全景摄影所体现的观看理念即"全景观"也是意义的表达。"全景观"表明人们渴望对外部世界的全息把握和掌控。摄影从单眼聚焦变成了360度的全能视域，摄影不断将其偷窥和猎奇的属性公开化、放大化，并在技术革新的过程中，在全息呈现现场的过程中，将这种偷窥和猎奇合理化。摄影借助大众传播的力量打开了图像权力化的封闭之门，机械复制术使全景图像唾手可得，在这种全景化的图像传播过程中，视觉偷窥和视觉监视也变得大众化和日常化，由此制造出全民偷窥的图像消费景观。简言之，数字技术让全景摄影拓展了摄影作为记录工具、娱乐工具、管理工具的意涵。全景摄影通过技术手段为人们制造仿真幻象，全景模式和全景观念反映出人们极欲超越肉眼视域的局限，获得全知全能的视界。人们对"看"的渴望超越了其他感官，因为"看"本身就是权力的象征，从少数人的观看到多数人的观看，从精英观看到大众观看，从偷窥到公视，全景摄影的"看"全面揭示出摄影的政治意义。

　　随着城市化进程的加快，现代社会的"视欲"也更放纵和公开，并渗透到社会各领域。图像在新媒体技术的推动下，表现出更大的野心，它试图吞噬整个社会,使之成为图像的社会、图像的时代,不仅用图像去表达和呈现,并且用图像去解释和建构。从这个角度来说,摄影是一个有效的视觉符号,它为我们解读社会、解读城市提供了可视化路径。全景摄影在媒介技术的推动下表现出更大的野心,它试图成为并代表一座城市;上海全景摄影不仅用黄浦江全景去表达和呈现上海现代性的特质,同时黄浦江全景也以浓缩的景观建构了上海形象。

小结　上海"全景":现代性的"幻影"

如果将上海全景视为一种话语(discourse),这种话语包括语言和实践两个层面。展现上海全景的摄影照片所使用的视觉语言是浓缩精练而简洁的,即"鸟瞰"视角的四点透视。要实现鸟瞰则须借助观看的工具,或摩天大楼,或飞行器,或航拍仪。人与观看工具之间以具身关系或他者关系实现了人的观看和拍摄实践。尤其是新媒体技术的应用,使全景观看和全景再现以具身关系联结起上海形象与实践中的人。"具身"是我们参与环境或"世界"的方式,即人与技术融为一体[1],具身关系"一方面扩展了人的知觉,成为'身体的延伸';另一方面给人的知觉带来了一定程度上的缩小"[2]。因此上海全景在不同的技术路径中诠释出拍摄主体、观看主体与上海形象的多重关联。

---

[1]　〔美〕唐·伊德:《让事物"说话":后现象学与技术科学》,韩连庆译,北京大学出版社,2008年,页55—59。

[2]　张彬:"人—人工制品—世界关系研究述评——基于技术现象学的视角",《长沙理工大学学报(社会科学版)》,2015年第4期。

上海全景的话语除了视觉语言的符号化层面,还包括观看和拍摄的实践层面,"由于所有社会实践都包含有意义,而意义塑造和影响我们的所作所为——我们的操行,所以所有的实践都有一个话语的方面"①。对上海全景的意义解读离不开对摄影实践和观看实践的综合分析理解。上海全景通过摄影实践最终被简化为浦东陆家嘴摩天大楼群的黄浦江全景,这与城市空间的现代性元素的集聚有关,与拍摄者重复取景再现的摄影实践有关,与全景摄影本身所内含的视觉语法、视觉观念有关。正是在这多重因素的作用下,上海全景的简化和凝缩建构出上海现代性的"幻影":黄浦江全景不能代表上海,却又实实在在地代表着上海。

---

① 〔英〕斯图尔特·霍尔:《表征:文化表象与意指实践》,徐亮、陆兴华译,商务印书馆,2003年,页44。

第四章
上海"琐碎":日常生活中的"个性"上海

媒介技术的飞速发展和更新迭代,使影像生产、制作和传播的门槛大大降低,都市摄影也由此进入了平民化生产和海量式生产的"膨胀"时期。任何人站在城市的任何一个角落拿起手机或照相机就能捕获一张都市影像,这些影像有意识或无意识地生产,杂乱无章或秩序井然,它的丰富多彩取决于拍摄者的自觉和个性化差异,取决于拍摄者与城市之间的关联和互动。大多数行走在都市、生活在都市的自由摄影师将摄影作为一种日常生活实践的方式,以日常生活的姿态日复一日地进行都市影像生产和传播,这些影像串联起来,相互比照,为我们勾勒出迥异而琐碎的个人视角的上海形象。

第一节　社区之维:街角城市

青年自由摄影师姚瑶对上海城市的拍摄起于她所生活和工作的社区,她习惯在熟悉的街角按下快门,那些场景、人物、事件看起来是平淡无奇的上海日常,但在她的照片中截取、捕捉的瞬间因定格、框景而形塑的异质性凸显出她个人眼中的别样上海。

　　姚瑶在访谈中用"采蘑菇"来比喻自己的摄影实践："我可能就像采蘑菇一样的，我发现了蘑菇先把它采下来，然后可能之后再来看怎么来做一道菜。"（见附录访谈）从某种程度上来说，她的摄影实践或源于一种职业惯习，或源于外界环境与她形成的交流互动。这种对摄影的"散漫"态度，犹如城市之于她的关系，生活在其中，沉浸于其中，却始终保有一种疏离感和陌生感。正是这种关系使她将摄影作为一种方式来观察和记录上海这座城市的日常。姚瑶的摄影作品在创作过程中并不刻意追求什么，只是把那些触动她的上海生活细节"采摘"下来，放进相册里供日后"烹饪"回味。那些看似随意零乱的日常采集，通过整理便形成了她个人独具特色的上海形象。

　　姚瑶的摄影作品大多用手机拍摄，并且作品的首发地选择在社交网络。她认为拍摄的介质载体会决定作品以何种方式呈现，最初她的大量作品采用整齐划一的方形尺寸成片，这源于她的"工作伙伴"iPhone。姚瑶坦言，她选择使用手机拍摄首先是因为其隐秘性，不易被察觉。她希望自己的作品是自然而然地抓取捕捉而非刻意摆弄或摆拍，倘若其中涉及城市公共场所中的人，也更倾向于不被拍摄对象所发现。其次，选择手机中自带的正方形构图，也是为了以另一种视角看世界、看城市。正方形取景框对构图提出了新要求，同时也让她得以用"正方形"的框景去重新发现和审视上海的日常。看起来周正而刻板的方形照片，既成为她早期都市影像的鲜明外部特征，也成为她以情感突破形式边框的尝试。在她的方形都市摄影照片中，没有宏大叙事和恢宏格局，只有注入了她细腻情感的上海局部和生活日常，每张照片构成了她在城市某个空间的心理和情感的在场证明。

一、社区采"影":"精微"上海

(一) 在熟悉中捕捉"陌生"

姚瑶的都市摄影作品取材半径大多围绕她的日常工作和生活。这些熟悉的环境和场景如何激发她源源不断地创作?这基于她对生活敏锐的感知力和洞察力。她坦言自己更愿意记录生活周围的场景,这些场景在她看来时刻充满着变化,那些即时萌生的感受,那些即时呈现的光影都让熟悉的场景变幻莫测,呈现出让她欣喜的与众不同的"异影",从某种程度上来说,姚瑶在"时间性"上捕捉到了上海日常的精微。

图4-1 《自爱》,"风貌区小乐章"系列作品之一,姚瑶摄,2017年

选择生活在上海里弄的姚瑶经常去捕捉上海的老建筑和老物件,她并不热衷于那些旧物在外形上的可识别性和与众不同,而是聚焦在这些旧物上正在发生或已经发生的"故事",她偏好用自然场景和细节来展现旧物的故事性。《自爱》(图4-1)是姚瑶摄于北京西路(原爱文义路)的作品,这幅作品被其列为"风貌区小乐章"系列

摄影作品,曾参展于徐汇区岳阳路社区的"黑石影像展"。画面是停靠在里弄墙角的两辆自行车的特写,车体已是油漆磨损、锈迹斑斑,但从车后座精心打理的装备和元气满满的轮胎可见这是附近居民仍在频繁使用的交通工具。让这张照片"出彩"之处是覆盖其上的塑料薄膜,这一"精心"之举反映出车主对生活的态度,细心谨慎地打理着身边的日常物品,哪怕使用得磨损破旧了依然悉心对待。在姚瑶看来,这正是她想要捕捉的上海人的日常,弄堂里那些物件上的小细节诉说着人与物、人与城市的故事。这种故事性体现出上海人的脾性和生活方式,换言之,再细小的物件都可能在某个时间、场合从某个侧面折射出一个城市的特性,上海人的生活态度正是"上海性"的显露。姚瑶所捕获的街角"小景"构成了上海社区的某种风格的"小乐章",它与机械化交通工具充盈城市街道的摩登上海不同,它与共享单车泛滥街头的信息化上海亦不同,它呈现的是渗透在本地人生活方式中对细节一丝不苟的有温度的上海。

　　姚瑶的另一幅作品(图4-2)来自"上海,上海"摄影作品合集,这张照片同样彰显出她对上海这座城市的敏锐观察和捕捉。画面主体是斑驳的拆迁房的外墙立面,在阳光投射下,一位匆匆路过的女士的身影投射到破旧的外墙立面上。冬日的夕阳和拆迁房的土色构成的暖色调与画面一隅的水泥砖墙和蓝色天空构成的冷色调形成鲜明对比,透过破损的外墙立面,远处林立的摩天大楼清晰可见。这张照片以鲜明的对比法——包括建筑物的对比、色调的对比、动静的对比,平和地讲述着这个城市的故事。旧的建筑被推倒,新的大楼鳞次栉比,城市的发展是新与旧的并存,城市现代化的进程是新不断取代旧的过程。同样出自"上海,上海"摄影作品集的另一幅作品(图4-3)透过色彩斑驳的玻璃窗看到了不一样的上海风景,标志性建筑物东方明珠被框定在窄窄

图 4-2 "上海,上海"系列作品之一,姚瑶摄,2018 年

图 4-3 《回旋曲》,姚瑶摄,2015 年

的玻璃窗棂里,成为窗的一部分。一如这张照片所看到的"扑朔迷离"的东方明珠,上海形象亦是如此,它透过各种棱镜被观看和感知,观者与上海的关系既是疏远的也是亲近的,观者将上海形象留存在"有色"的镜框中存留,那是属于个人的上海形象。姚瑶所捕捉的上海街头生活场景,或许很多人都曾亲历,但很多时候人们没有时间停下脚步观望,没来得及思考。当熟悉的生活场景以保留故事的方式定格下来,照片丰富的意义便被贮藏起来,当人们与照片不期而遇时,便唤起了他与这座城市的记忆,引发了他对这座城市的思考。

(二) 在空间中重组时间

姚瑶不仅将摄影作为自己观察和理解上海这座城市的方式,也将摄影嵌入到都市生活空间中,试图通过对摄影作品的空间重置来唤起人们对城市新的感知。

2017 年姚瑶在自己所居住的社区附近策划了一个特别的个人摄影展《独舞》(Solo Dancing)。展览地点位于乌鲁木齐中路的"寄存处","寄存处"本是一个隐藏在居民生活区的迷你艺术空间,意为任何东西都可暂存的地方,而恰恰是因为暂存,任何东西或在此处或在别处,总是处于一种暂时的状态,并终会流向他处。摄影作品的展现方式是把照片粘贴在收集来的纸箱上,并通过纸箱的排列组合形成照片展览的呼应关系。这种全新的展览方式被姚瑶戏称为"街边纸板箱上的摄影展",之所以选择用这种方式去呈现和展览自己的摄影作品,是因为照片的空间"归位"会赋予照片以全新的生命力。首先,这些照片的取材本就来自这个社区,是附近居民熟悉的生活场景;而展览呈现采用重新融入社区的方式,让其回归"来路"。位于居民社区的"寄存处"是街坊邻里平日逛街、买菜都经过的空间,照片中场景的"熟悉感"和展览空间的"陌生感"碰撞出"观看"的火花;照片被置于纸箱上展览的随意性和灵活性缩小了生活与艺术的距离,展览特意尝试把纸箱放置在街道上垃圾旁,扩展了展览的范围,引来更多市民的观看(图4-4)。其次,照片凝固了时间,是时间的艺术,展览通过空间的灵活利用实现了对时间的重组。一方面姚瑶本人用镜头凝视时间并将不同的时间串联起来,亦如展览序言所言,"穿透物象凝视背后的时间本身,进而在停顿中无意识地创造着时间宏大又精微的意象。这些意象,穿过物象,在时间的观者面前将时间串联,凝成一个永续的时刻"①。另一方面,前来观展的居民透过照片得以凝视他们过往的时间,并在时间的重组中感受时间的流逝与永恒,唤起他们关于自己与城市的点滴记忆。

图4-4 《独舞:姚瑶摄影作品展》撤展图,姚瑶摄,2017年

---

① 华燕:"凝视时间"("寄存处"姚瑶摄影作品展·序言),"寄存处 dePot"微信公众号,2017年9月4日。

这些展览的照片最后的归宿是"回归生活",随着展览空间(纸箱)的撤展回收,这些照片也淹没在废品中,并进入可回收物的循环使用链条中,用于展览的照片的生命也就此终结,这再一次回应了摄影在时间中诞生和流转的"寄存"性。通过展览方式的创新,姚瑶也表达出她对都市摄影的思考。她的都市摄影作品来源于烟火气浓厚的上海里弄社区,社区既是其摄影作品的生命力所在也是焕发其活力的原点,对上海社区生活的影像记录是某个时间、某个地点的片段截取与留存,当这些都市影像与城市人、城市空间发生碰撞时,就会发生不同的关于时间与记忆的"化学反应"。艺术源于生活也要回归生活,艺术与生活存在生生不息的循环状态。都市影像只有进入到观看、流通并与人发生关联的环节,它反映的城市形象才鲜活而立体。

二、上海风情与异域想象

(一)"法式浪漫"映衬下的上海风情

姚瑶的摄影实践流连于老上海的街道社区,街道成为她"永远也看不厌的风景"[①],因为这里驻留了她绵延不断的抽象情绪和对上海的法式想象。她在访谈中坦言自己在法国学习生活的经历一直影响着她的摄影创作,而上海这座城市的历史气息让她得以在旧法租界的建筑、景观中找到一丝丝熟悉的法式风情。老洋房、咖啡馆、画廊是她时常驻足的地方,她时常会把对巴黎的想象带到上海,她的作品是层层情绪叠染后"法式浪漫"映衬下的上海风情。

---

① 曹颖:"姚瑶:街道是看不厌的风景",色影无忌·她影像,2017 年 8 月 8 日,http://she.xitek.com/allpage/interview/201708/08-230028.html。

无论是姚瑶的摄影作品中,还是与她的采访对话中,都能让我感受到她的明朗和温暖。她自己从不否认或许是南法温暖的天气和纯净的阳光感染了她的创作和生活态度。她把对法国的异域情调的想象挪移到上海,漫步于上海的街道,她试图寻找与法国相似的角落并记录下来。她甚至发现弄堂里的上海老人与法国精致生活的老太太们有惊奇的相似之处。她善于从物件上去洞悉物件背后的人,街区里那些洗涤多年褪色淡雅的晾晒衣物,夹在圆形晒衣盘上的晾晒牙刷,都曾触动了她,成为她镜头下的素材。

法国印象画派的光影处理也影响了姚瑶的摄影创作。她坦言,对光线的认识是在法国建立起来的,那里的光线很明丽,天空云彩和西方油画中所呈现的几近相似。对光影的琢磨让她突然明白了光,颜色其实是光在物体上的反射,所以人们看到的颜色才会五彩斑斓,所以她特别喜欢在光的照耀下去观察和捕捉事物的颜色和微妙变化。

图 4-5 《岳阳路奇幻曲》,姚瑶摄,2017 年

"风貌区小乐章"系列摄影作品之一(图 4-5)拍摄于岳阳路,午后的阳光洒在钢琴店的立面玻璃上,玻璃上映衬出马路上骑自行车匆匆路过的行人和对街人行道上的路人。道路两旁的绿树在阳光下投射出斑驳的影子,映衬在红白墙面上影影绰绰。影子和实物虚实交叠、错落有致,仿佛钢琴店

中的白色钢琴奏响的一支圆舞曲。这张照片通过对光影的巧妙捕捉将上海街道的抒情性和叙事性融为一体，浪漫而温暖。通过摄影师的镜头，法式风情"显影"在上海的街区。

（二）冲破地域想象的上海角落

姚瑶上海街区的摄影作品并非仅以光影形式进行情绪的自我表达，她的作品还具有社会学意义上的田野观察与思考。姚瑶在本科阶段接受过系统的社会学训练，所以这也使她习惯将街区作为田野调查的场所。她坦言，摄影家罗伯特·弗兰克（Robert Frank）用镜头对美国社会的深刻描绘，以及索尔·雷特（Saul Leiter）对色彩斑斓的哈雷姆区的捕捉同时影响了她的个人摄影风格。所以从这个角度上说，不论她的作品表面浮现出怎样的异域想象，在本质上仍然是摄影师基于个人经验对上海的观察和思考，并且这种观察和思考也会随着时间的流逝发生微妙的变化。

访谈中姚瑶回顾了自己摄影创作心路历程的转变。时隔多年当她再次回到巴黎这个令她流连的地方，她竟感受到疲倦和无法融入。本地人的不友好和作为游客的格格不入，使她尤其想念上海，更萌生出了一个想法：上海才是跟她更有"关系"的一个地方。从法国情结到上海情结的悄然转变也渗透到作品中，她这时才感知到自己与上海这座城市的互动与关联，而其实在她的作品中早已"剧透"。

姚瑶一直感念她身边"正巧"有一位对她影响深远的老上海人——上海都市摄影的"老法师"陆元敏。陆元敏持续对上海这座城市进行观察和拍摄，他关于上海的系列摄影作品早已成为经典。姚瑶坦言，与陆元敏的深入交谈让她钦佩陆老师的观察力、感受力和切入点，他的作品的视角和传递的情感是隽永的，这使得他的作品可以和观者形成深刻的交流。而在生活上,这个地道的上海男人温和又有距离感,他可以随意溜着狗来地铁站接送姚瑶来家中做客,同时对自己的生活有精致的要求。与陆老师的深入接触让姚瑶对上海人有了更全面的理解,带着对上海这座城市的人、事、物的体察,她将自己的细腻、敏感注入摄影作品中。

姚瑶选择了上海街区作为她观察、思考、拍摄的原点。在她看来,"街道是一个很丰富的地方,创造力和想象力都是惊人的,它是流动的,让你惊艳,也可能荒谬可笑"①。在街道这样的空间中辅之以手机拍摄的方式,让姚瑶的摄影实践更加轻松自在,这也正是她对摄影的态度。她希望以一种"插科打诨"的方式介入影像生产,甚至可能是被大家忽视的,"我只希望是这样一种可能,大家偶然发现还有这样的上海角落。甚至(摄影师本人)自我边缘,我希望成为这样一种角色"。姚瑶坦言,她不希望自己如同主流摄影师一样被暴露在聚光灯下,更想去维护自己镜头下这一个温暖的"不知名"的上海角落。

第二节　丈量距离:陌生城市

与姚瑶的摄影作品聚焦上海街头相似,自由摄影师夏佑至也将镜头对准了上海街头或更广的公共空间,但与姚瑶摄影作品明朗而温暖的气息不同,夏佑至的摄影作品冷峻而犀利。

夏佑至同样采用手机拍摄和朋友圈分享的方式记录他所见的上海

---

① 曹颖:"姚瑶:街道是看不厌的风景",色影无忌·她影像,2017 年 8 月 8 日,http://she.xitek.com/allpage/interview/201708/08-230028.html。

公共空间的日常。他的作品并不刻意强调光影效果或捕捉光影变化的时间性,而是追求在不同空间中所呈现的人与人之间的关系。他采用清一色的黑白影调去锐化叙事效果,引导观者聚焦画面中的人,他想透过镜头从他眼中的上海市井生活去引发哲学层面的思考,思考都市空间中的人的生存状况,都市空间形塑了人与人之间怎样的关系。夏佑至以其克制而冷静的"画风"形塑了解读上海形象的另一把钥匙。

一、空间与人的隐喻:孤独的城市人

《上街》一书集结了夏佑至多年来对上海城市的点滴思考,这是一本图文并茂的都市摄影随笔。他扎实的社会学学科背景和丰厚的新闻记者从业经历自然而然地渗透到他的拍摄和文字中,他在书中提及试图用学术视角如精神分析学、符号学、心理学等分析摄影作品中的生活场景。夏佑至的摄影作品简洁明了却饱含隐喻,他想透过平淡无奇的日常生活去思考,将熟视无睹的日常定格成景观,用"熟悉"去叩问都市人的生活状态、生存境遇。隐喻在他的摄影作品中的不是修辞,而是生活本来的样子,生活处处是隐喻。

夏佑至时常将镜头对准墙角里的人,在他看来当一个人面对墙角(也称为阴角)站着或坐着(图4-6),这就是"孤独"一词的隐喻。画面中男人面朝两堵墙的拐角处,自己的身体参与了空间构造,形成了可以阻挡任何视线的死角。男人的身体语言清晰地表达着"Lonely",字母"L"的外形可以看作是孤独的视觉表达。字母"L"的造型正如向墙角延伸的交汇线,同时也产生了密闭的阴角。[①] 在他的镜头里,无论是

---

① 夏佑至:《上街》,南京大学出版社,2019年,页32—34。

落单的孩子,还是工作疲惫的员工,都选择面向墙角寻求内心的安稳,墙角成为个人的清净之地和心灵的庇护所。这就是川流不息繁华大都市里的人的生存境况,忙碌的生活、疲惫的身体、空虚的内心却找不到栖息之所。冷冰冰的墙角反而成为一处可以独享安宁的庇护所,这也是无可奈何之举,"适度的孤独可以无所求于人,比较起来,比勉强与人相处更适意"①,夏佑至在书中这样解释。

图 4-6　无题,夏佑至摄,2014 年

二、身体的语言:城市人的距离感

现代都市生活改变了人与人之间的物理距离和心理距离。与传统社会靠礼俗相连不同,现代社会的人通过法理相连,两者的不同用费孝

---

① 夏佑至:《上街》,南京大学出版社,2019 年,页 49。

通先生的话来说，"一种是并没有具体目的，只是因为在一起生长而发生的社会；一种是为了要完成一件任务而结合的社会"[1]。礼俗社会是前者，强调自律性；法理社会是后者，是他律性社会。生活在上海的人，无论是本地人还是外地人，都遵循着法理社会的规则，在生活中彼此保持着"安全距离"，这种距离感或被人称为礼貌，或被人形容为冷漠，或被人理解为自我保护。

夏佑至的系列摄影作品围绕"距离"展开，用"距离"去丈量人与人的亲密关系，用距离去丈量都市人的生存状态。在他看开，身体距离是度量亲密程度的一个工具[2]，人们不仅通过调整距离来适应不断变化的关系，社会也因不同圈层的距离调整而得以维系和运转。这个系列的摄影作品围绕人与人、人与动物、人与植物、人与无机物的关系展开，人们在不同的年龄阶段，在不同的场景中如生活小区、公园、菜市场、地铁站都会体现出不同的"距离感"。

人与人之间的距离，是衡量人际关系亲疏的显性指标。关系越亲密，距离越短；靠得越近，关系越紧密。对于学生时代的玩伴来说，亲密无间的关系最是寻常。如图 4-7，画面中的两个女生站立在校门口，身体紧挨在一起低头互语，她们或许在分享着趣闻或是有趣的玩意儿。与之相对照的是公园里的陌生人（图 4-8），三张并立的长椅上坐着六个人，他们或喝茶，或发呆，或睡觉，或看报，或休憩，彼此间保持着安全距离，好似拒绝任何故事发生的机会。身体之间的物理距离就是一种无声的语言，在公共空间中的物理距离无需用长短来测量，人为制造的距离感就构成了人与人之间的屏障，它表明我们都是都市里的陌生人。

---

[1] 费孝通：《乡土中国 生育制度》，北京大学出版社，1998 年，页 9。
[2] 夏佑至：《上街》，南京大学出版社，2019 年，页 8。

图 4-7　无题,夏佑至摄,2014 年

图 4-8　无题,夏佑至摄,2014 年

人与宠物的距离,是洞察都市人生存状况的又一指标。在夏佑至看来,人际交往是有阈值的,脆弱又多变,越是在上海这样的大城市,人际崩溃越容易发生。养宠物成为人际管理的替代物,宠物的陪伴既能缓解孤独获得心理慰藉,成为人际关系的替代物;也可以在人际关系发生危机或断裂时成为个人走出焦虑和困境的依赖物。在大城市中,宠物不论在家庭还是社区中都占据重要位置,如今社区里遛狗(图4-9)和遛娃"等量齐观",宠物不仅成为家庭成员中的重要构成,成为人与人之间寻求谈资建立人际关系的中介,也成为维护社区安定的重要考量因素。换言之,都市人与宠物亲密无间的距离恰恰是人与人之间距离感增大的另一面向。

图4-9 无题,夏佑至摄,2014年

在夏佑至的镜头下,他用空间的隐喻、身体的隐喻呈现出一个抽象的上海。观者无法在他的摄影照片中寻求某个具体的意象去代表上海,却能从摄影师所试图揭露的都市人的生存境遇中感知到陌生而有距离感的上海,这恰恰是夏佑至所欲表达的理性上海,思者见之,不思者不见。

第三节　乡愁回响:超现实城市

如果说自由摄影师姚瑶和夏佑至镜头下的上海是基于田野观察和纪实的现实主义风格,那么艺术家杨泳梁则致力于用数字化技术跨艺术门类进行上海形象的建构和创作。他对上海都市影像的大胆艺术实践融合了传统与现代、技术与自然、虚拟与现实,既突破了摄影纪实的界域,也拓展了摄影表达上海的视觉可能性。透过他的艺术作品,上海的超现实性、现代性揭开了神秘的面纱。

杨泳梁并不将自己界定为摄影艺术家,对他来说,摄影是诸多艺术表达的方式之一,是比绘画更容易获取信息的艺术工具。所以他的作品通常以摄影作为前期素材采集的方式,都市取景照片是最终作品的"肌底",后期辅之以多种艺术手段加工成型,这也成就了他创作的上海影像独树一帜的艺术风格。杨泳梁创作的每一幅作品都意义丰富值得细品,因为他的作品不是快门按下后的"速成品"。相机犹如他的画笔,让他得以快速穿梭于上海的都市空间中,并迅速"勾勒"出上海风貌,以供日后细描创作上海形象。他的作品与众不同之处就在于用拼贴和蒙太奇手法创造了由上海"局部""细部"照片构成的中国传统山水画,"他想拼凑出一个摩登时代与自然生活的裂谷间,正在失落的桃花源"①。在他的作品中你能寻觅到上海的蛛丝马迹,但那不是行走在街道、街区抬头可见的上海,而是拼凑在处于现代与传统缝隙中的上海,处于机械工业化与生态自然缝隙中的上海。

一、隐于山水的魔都上海

杨泳梁出生于上海嘉定,自幼接受国画、书法等传统艺术教育,对中国文人山水画有独到的审美和偏好。他的成名作《蜃市山水》(2006年)将上海魔都"隐匿"于山水间,水墨、摄影、录像等媒材的使用制造了一个山水画的框架,而填充其间的是上海的高楼大厦、建筑工地、钢筋水泥等现代建筑的摄影照片,这一具有创造性的山水与城市的结合方式,制造出超现实主义的风格。

"蜃市山水"系列作品(图 4 - 10)作为杨泳梁的成名作,也是其个

图 4 - 10 "蜃市山水"系列作品之一,仿夏山图,杨泳梁,2007 年

---

① "艺术家杨泳梁:传统中国画的意境和我们的生活是反的",界面新闻,2018 年 9 月 7 日, https://baijiahao. baidu. com/s? id = 1610926146622528336&wfr = spider&for = pc。图 4 - 10 亦来源于此网址。

图 4 - 11 "蜃市山水"系列作品之一，No. 4，杨泳梁，2006 年①

人艺术风格的鲜明体现，作品凸显出他创作上海形象的视觉语言和语法。上海城市的现代化建筑、景观、灯光、废墟都成为摄影拼贴的基料和原始素材，通过剪裁、拼接、合成等后期技术，建构出一个架空的想象的山水世界。他擅长将城市元素和山水意象进行拼贴创作，一如成名作的名字"蜃市"与"山水"的拼合，在他的巧思、巧工之下，现代城市的各种元素化作山水画中山石树木的纹理、质地、阴阳向背，赋予山水画独特的城市气息。

"蜃市山水"系列作品中的另一幅（图 4 - 11）照片采用中国画的立轴图式，用错落有致的高楼建筑排列成远山和近丘，用比例夸张高耸入云的塔吊组成"山中之木"。取山水画的高远之境与高楼大厦的挺拔之姿相呼应，取山水画之肃穆与城市钢筋水泥建筑的冷调相呼应。画面中的题跋由一串翻转九十度的数字代码构成，印章由造型各异的古典窗花和窨井盖构成。这幅"数字山水"奏响了城市发展的华彩乐章。《来自新大陆》（2014 年）系列作品（图 4 - 12）在延续此前风格的基础上，细节更丰

---

① 见"蜃市山水系列作品集"，2014 年 11 月 04 日，http://www. 360doc. com/content/15/0321/19/3426256_456984923. shtml.

富,体量更庞大。远景是密密匝匝层叠的房屋、高压电线塔楼、塔吊;近景是正在大兴建设的建筑工地、拆毁的民居、污染的河流。这幅作品生动再现了上海的密度与速度,是一幅没有自然景观的工业城市实景图。

图4-12 "来自新大陆"系列作品之一(细节图),杨泳梁,2014年①

杨泳梁创作的"蜃市"上海是一个被制造出来的超越时空的虚幻城市。一方面"景"是真实的,他甚少修改自己的摄影素材,尽量以真实的状态加入山水画中。另一方面,"境"是虚幻的,这归功于他的"造境"功力,他用电脑绘图技术绘制了"虚幻山水"。为了使现代城市和古典山水这两个系统相协调,杨泳梁在拍摄和镜头选用上都格外讲究。他舍弃了广角镜头,因为尖锐的立体感和古典山水画的散点透视相左;他会刻意选择阴天拍摄,因为灰调元素与古典山水画的气韵更接近。在摄影素材的日常收集中,他并不根据拍摄时间分类,而是根据景别或

① 见朱一南:"变异山水,都市生活的一声叹息",澎湃网,2018年11月6日,https://www.thepaper.cn/newsDetail_forward_2589492。

特性分类,比如近景、远景、广告牌、路牌、废墟等,这种分类让他在衔接山水与城市的过程中,能游刃有余地精准定位。更重要的是,他的"数字山水"遵循中国古典山水画的精神气韵,即时间的永恒性。他以不刻意强调光影变化的方式模糊画面的"时间性",在他看来,"中国书画不像西方油画强调光线,中国古代绘画一直是排除'时间点'的,它的光线没有所谓早上、中午、晚上之分。它的时间是静止的,也是永恒的"①。在杨泳梁的作品里,时间静止了;在现实与幻境的交织层叠中,魔都上海是虚幻山水中的碎片。

二、技术"雕琢"下的理想上海

　　杨泳梁在影像艺术的创作中是个十足的"技术控",从摄影、装置到影像,他不断拓宽创作的方式和媒介。但对他而言,手中的技术与心中的追求在某种程度上是矛盾的,相距甚远,"拍摄、整理素材、拼接,到后期处理、打印,我必须很耐心的、有些苛刻的、类似像苦行僧一样的方式去实现它。其实,那些数字作品离我的心是有点远的"②,杨泳梁内心所渴望的实际上是他作品挪用的表层外衣——山水,他认为像上海这样的城市一直处于人造状态下,而人的内心却是向往自然的。

　　杨泳梁深谙中国古典山水画的气韵和文人的笔墨精神,在他的造景巧工之下,山水意境成为他作品最先声夺人的亮点。远观杨泳梁的

---

① "数字'技术控'杨泳梁:需要用绘画来'发泄'",雅昌新闻,2017 年 3 月 6 日,https://news. artron. net/20170306/n913079. html。

② "数字'技术控'杨泳梁:需要用绘画来'发泄'",雅昌新闻,2017 年 3 月 6 日,https://news. artron. net/20170306/n913079. html。

作品几乎与传统山水画无异,很多作品甚至直接取法中国历代经典山水画,"蜃市山水"可谓是模仿元代南宗山水画家倪瓒作品的再创作。但是当观者走近作品细看时,会被视觉经验与期待的"反差"所重击,现代与传统的冲突跃然纸上,那层层叠叠的城市影像构成了山水的"笔墨",熟悉的街景、建筑、广告牌、建筑工地、起重机、高架桥顿时让画面变得喧闹起来,城市人的现代性记忆立马被唤起,观者试图从山水画中寻求片刻安宁的期许瞬间土崩瓦解。这种现代性"震惊"恰恰是杨泳梁想留给观者的。

杨泳梁作为土生土长的上海人,见证了上海的飞速发展,他对工业化、城市化有着非常复杂的情绪。2015年央视纪录片《园林》的采访中他如是说:"我觉得我是一个特别矛盾的人,生活在大都市里,虽然心里有那么多不满,同时你又离不开他。"①面对这样的矛盾,作品成为他表达情感和思考的窗口。杨泳梁并不排斥现代化,就像他用数字化手段去创新作品一样,但现代化所带来的割裂感让他对技术、自然、传统、现代等诸多议题有了进一步的思考。他认为,"建设和传统的割裂,在中国是未来几十年都不会变的话题,因为城市化还在继续"②,面对这一长期存在的割裂感,杨泳梁想用自己的方式给人们带来思索和唤醒。

对比杨泳梁的数字山水作品会发现其前期作品的数字化感更强,他坦言,因为后期作品更注重景深细节和明暗变化,包括加入真实的山石,都让数字感有所弱化,"之前的作品更有拼贴的后期合成的感觉,而现在的更像一幅画,更像一幅摄影,它非常的自然"③。杨泳梁以调

---

① "数字'技术控'杨泳梁:需要用绘画来'发泄'",雅昌新闻,2017年3月6日,https://news.artron.net/20170306/n913079.html。

② 朱一南:"变异山水,都市生活的一声叹息",澎湃网,2018年11月6日,https://www.thepaper.cn/newsDetail_forward_2589492。

③ 王莫之:"杨泳梁:好的艺术是一种唤醒",iTaste周末画报公众号,2015年3月10日。

和的方式去处理现代元素和古典气韵,但并不代表杨泳梁对现代城市
的持调和立场,事实上他试图用数字山水批判现代城市,"文人山水画
是'寄情于山水',我以我的山水画'批判现实'"①。城市化进程的加
快,改变了城市的面貌,那些他儿时的上海记忆失去了寄存之所,城市
发展越快乡愁情结越浓烈。

　　杨泳梁个人艺术创作风格的转变也表明他对城市议题的思考更加
深入。从早期作品的仿古、对山水画的挪用,到后来直接由城市化问题
引导创作,"他后来的更多创作实践更加证明了他开始突破山水固有
的符号性,而以此为支点,对各种因为后现代性在城市空间里投射的问
题进行全方位的批判和反思"②。作品《来自新大陆》所涉及的城市
议题包括:污染、拥挤、水资源、垃圾等。"天堂之城"(2008年)系
列作品(图4-13)将城市高楼、桥梁隧道、铁路高架置于浓烟滚滚
之中,烟雾中的城市宛若天空之城,被美化的城市之景实则犀利批
判城市空气污染之严重。杨泳梁的有些作品甚至鲜明地呈现出具
有指向性的信息,如图中绘出的上海道路的名称,这进一步表达出
他对上海这座城市的态度,反思城市化进程并关注都市人的生存
状态。事实上他的作品无法对现代性议题给出明确答案,他亦知
晓艺术作品力量的有限性,但他认为通过作品提出问题同样重要。

　　杨泳梁将自己对上海这座城市的感情和思考藏于山水间,他笔
下的上海是跨越"过去—现在—未来"时间线的超现实之城,他心
中的上海是有山水之境、田园之梦却永远抵达不了的栖息之所,

---

　　① 朱一南:"变异山水,都市生活的一声叹息",澎湃网,2018年11月6日,https://
www. thepaper. cn/newsDetail_forward_2589492。
　　② 海杰:《屏幕生存:2000年以来的中国当代摄影切面》,中国民族摄影艺术出版社,
2016年,页95。

图 4-13　"天空之城"系列作品之一,杨泳梁,2008 年①

"因为传统中国画表现的那种意境,其实和我们现在的生活是反的——审美体系也好,你想追求的境界也好,完全是反的"②。

第四节　叠影幻境:他者之城

　　从摄影创作的主体性角度考量,每位摄影师或艺术家借助摄影的方式去捕捉和描绘上海形象可谓千人千面。虽然在风格上可以归类,纪实性抑或超现实主义的,浪漫主义抑或哲学思辨的,但若要深入探究摄影师—照片—城市之间的关联,离不开对摄影师与城

　　① 见"80 后艺术家杨泳梁的蜃市山水",弄艺,2013 年 4 月 1 日,https://www.douban. com/note/269402811/。

　　② "艺术家杨泳梁:传统中国画的意境和我们的生活是反的",界面新闻,2018 年 9 月 7 日,https://baijiahao. baidu. com/s? id = 1610926146622528336&wfr = spider&for=pc。

市关系的考察。上海本地人、移民新上海人、游客、旅居上海的西方人,这些创作主体镜头下的上海与他们自身身份、生活经验、知识背景和社会环境都密切关联。相较于中国本土摄影师"内向性"(inward)地观察和思考上海并创作具有主观意义的抽象的上海形象,来自西方的摄影师更容易"外向性"(outward)地拓展他们目之所及的上海,并用他者的眼光聚焦上海给他们的"第一眼震撼"。因此即便是最具代表性的外滩风光也在不同的西方摄影师的镜头下呈现出光怪陆离的风景,这些影像为我们解读他者眼中的上海形象提供了多重维度,那可能是我们未曾见过的上海。

一、梦幻上海的时空切片

美国洛杉矶的青年摄影师丹尼尔・马克尔-摩尔(Daniel Marker-Moore)饱含着对大都市的热爱,运用独特的制作手法,制作出带有梦幻绚丽色彩的都市影像。他的作品利用延时摄影技术,捕捉从黎明到黄昏再到夜晚,上海某一个场景的时间变化。每幅作品的出炉,都需要从海量照片中挑选出合适的百来张照片,再利用"暗房""影视特效"等软件进行图片处理。这些图片被分别切割成或横或竖或斜的若干切片影像,最后经过筛选、拼接、整理重新组合成一张独具韵味的作品。[1]

丹尼尔拍摄的外滩风景将陆家嘴建筑群"平铺"在一条水平线上,后期处理形成的切片影像让整幅照片呈现出百叶窗的开合效

---

[1]　"美摄影师用时间切片展现城市日夜变幻之美(组图)",人民网,2015 年 12 月 9 日,http://world.people.com.cn/n/2015/1209/c1002-27904823.html。

果,每一条切片是不同时段、不同光影下捕捉的摩天大楼,拼合在一起产生了五光十色的幻彩效果。这就是丹尼尔眼中的上海,黄浦江对岸的外滩风光最能代表上海形象,江边林立的摩天大楼从一个切片到数个切片,从太阳升起到华灯初上,通过技术处理空间的多重性和时间的延续性尽在这一张照片中展现。上海是一座空间和时间都无限延展的梦幻之城。

二、"水墨"上海的空灵幻影

摄影师约瑟夫·霍夫莱纳(Josef Hoflehner)2000 年初就背着相机来到中国,他的足迹遍布中国沿海和内地的大中城市,并拍摄了当地具有代表性的城市景观。与时下流行的数码党、修片党不同,霍夫莱纳拒绝用 PS 软件进行后期修改,也抛弃能够拍出宏大场面的广角镜头和拥有美化效果的数码相机,他坚持使用纯手动相机与黑白胶片进行拍摄。他的黑白胶片作品因大面积留白所呈现的空间关系与中国传统水墨画的意趣颇有几分暗合之处。

《上海东方明珠》[①]是霍夫莱纳用自己的方式呈现的上海,"他很善于从繁杂的现实中抽象出美丽,通过留白让画面充满空间感"[②]。在他的镜头下,长时间的曝光使照片中的空气仿佛被雾化,水流凝结,时间暂停,现代都市呈现出万籁俱寂、空灵静谧的一面。陆家嘴建筑群笼罩在氤氲之中,原本刚硬冷峻的现代建筑群呈现出柔和之美,原

---

① 上海东方明珠,约瑟夫·霍夫莱纳摄。来源:"这个老外镜头下的水墨中国,美得让人窒息","视觉志"公众号,2015 年 12 月 11 日。

② "这个老外镜头下的水墨中国,美得让人窒息","视觉志"公众号,2015 年 12 月 11 日。

本喧闹繁华的现代城市景观呈现出空灵缥缈之境。居于画面中心位置的陆家嘴建筑既是画面的主体也是画面的全部,它让人感觉到梦境般虚无缥缈的上海,真实而又虚幻。霍夫莱纳镜头下的上海是按下时间暂停键的上海,是可以静心屏气凝神观赏的上海。

三、科幻上海的迷失之境

90后华裔女生宾馨用两年时间拍摄了三万多张关于上海的照片。自幼在多伦多长大的她最初对上海的认识来自诸多科幻大片的取景,作为科幻电影影迷,她认为上海是最具科幻感的城市。带着这份执着的印象,她镜头下的上海呈现出千姿百态的科幻感。

宾馨所拍摄的上海有一个鲜明的特点,就是人的在场性,她要让人置身于上海这座科幻之城,从而想象人与科幻的关系。光怪陆离的建筑、五光十色的灯影让身处其中的人好似进入了迷失之境,人与技术的关系在她的镜头里具有大胆想象的乐观性。科幻感就是要赐予人无穷的力量,一如她的作品所呈现的,夜空下闪闪夺目的灯柱好似披荆斩棘的时光之剑,让人浮想联翩。陆家嘴环形天桥在不少科幻影片中出现过,宾馨总结了照片要拍出科幻感的秘诀,"晚上刚下过雨去环形天桥拍摄,人不多,映衬着旁边高楼的灯光,科幻感会很强"[1]。宾馨将她拍摄的上海影像分享在instagram平台,收获了近十万粉丝,对于大多西方人来说,宾馨镜头下的上海令他们陌生而神往。宾馨以自己的印象、想象和洞察

---

[1]　"90后华裔女生在上海拍下3万张照片,张张魔幻! 外国网友惊呼:从没见过这样的上海!",搜狐网,2020年6月21日。

力制造出一个充满科幻感的上海,对她来说,上海是具有无限可能性的未来之城。

第五节 城市"碎影":个人之眼与生活实践

一、空间实践:碎片化的城市剪影

(一) 空间选择:漫步城市与城市踩点

摄影师用镜头对都市空间的取景构图是对空间的选择。在关于上海的摄影实践中,不同摄影师的作品在空间选择上的差异性形成了对上海现代性表达的不同维度。

社区是姚瑶和夏佑至两位摄影师主要的拍摄之地,他们的作品是有关自己所居住社区和生活工作半径的日常生活,包括街景、公园的景观、居民的生活等。他们将社区作为透视上海城市的角度具有社会学的意义和价值。社区(community)这一概念来源于德国社会学家滕尼斯(Ferdinand Tönnies),最早将其译为"社区"的是 20 世纪 30 年代的社会学家费孝通。社区的概念非常多,对社区的理解可以从空间和关系的角度加以描述,"社区就是区域性的社会。换言之,社区就是人们凭感官能感觉到的具体化了的社会。构成社区的有地域空间、人口、制度结构和社会心理这样四个基本的要素"①。

---

① 黎熙元、黄晓星:《现代社区概论》,中山大学出版社,2017 年,页 2。

　　上海的城市居住空间因历史原因形成了里弄的格局,也就是说现今上海的社区仍然保留了以里弄房(alleyway house)为单位的空间结构和区隔,经典的里弄房片区由多条弄堂组成,"分别提供了公共空间、半公共空间、半私密空间和私密空间的递进系统"①。格雷戈里·布拉肯(Gregory Bracken)认为,"里弄房处于传统的封闭式四合院和开放的街道之间,占据着一个模糊的空间"②。社区所形成的自给自足的单元,使城市居民的日常生活需求都可以得到解决,这些片区本身形同微缩版城市,与林荫大道格局的城市具有截然不同的特点。社区里的日常生活没有灯红酒绿,没有霓虹灯影,只有如流水一般的平静和缓缓铺陈,这也是为何聚焦上海社区的摄影照片往往会产生与摩登上海相距甚远的视觉观感,姚瑶和夏佑至镜头下的上海即是如此。

　　但视觉观感上的平实未必就代表不现代。事实上从历史的角度来看,里弄房恰恰是近代上海因城市化进程加快、人口密度加大所形成的人群聚居地和建筑结构。里弄房随着时间的沉淀,体现出一种混杂的现代性,"里弄房象征着上海或中国的现代化,这种现代化过程相当复杂,混杂了很多东西,而且与西方的现代化截然不同。西方现代化的标志是纯粹的设计和功能化的规划,这些特征在外国租界里就可以看到"③。从这个角度来说,依照上海城市空间布局的特征,至少存在两种现代性:租界的现代性和里弄的现代性。由于这些空间由不同的街道所串联和关联,并且两者交互影响,因此街道成为承载各种"杂质"的媒介,姚瑶的摄影作品中就有诸多街道和街景的展示。生活在弄堂

　　① Ronald G. Knapp, *China's Old Dwelling's*, Honolulu:University of Hawaii Press, 2000, p. 259.

　　② 〔爱尔兰〕格雷戈里·布拉肯:《上海里弄房》,孙娴等译,上海社会科学院出版社,2015年,页120。

　　③ Samuel Y. Liang, *Mapping Modernity in Shanghai:Space, Gender and Visual Culture in the Sojourners' City 1853-1898*, Abingdon:Routledge, 2008, p. 501.

里的居民并没有明晰的公私空间的观念,他们将私人的行为、私人的事件展示在公共空间中,既形成了画面的故事,也展现出上海人所独有的地域特征,既混杂了现代的地方性,也混杂了传统的现代性。伊塔洛·卡尔维诺(Italo Calvino)将一个城市的街名看作无法从脑海中卸去的模块,它们像一个蜂窝,我们每个人都可以把想记住的东西放进去。[①]人们可以通过街名展示他们想记住的东西,姚瑶摄影作品中对上海街道的标示通常辅之以法租界时期的旧街名,因为街名本身指向她的记忆与想象。姚瑶喜欢上海街道所流露的"法式风情",而这正是上海现代性的一个侧影,"上海对法国的一切都情有独钟,甚至于狂热。从服装到美食红酒,再到法国人和他们的生活方式,尤其是坐在咖啡馆里看着来往行人的习惯,这些在这座曾被称为'东方巴黎'的城市里,似乎是一种永不过时的时尚"[②]。可以说联结上海社区的街道是一个汇集意义和展现意义的空间,上海的现代性在这里不经意"浮现"。

如果从人与空间流动的关系来看,姚瑶和夏佑至的都市取景是"漫游"式的,即他们在行走、工作、休闲的途中抓拍城市风景,他们镜头下的上海影像是不可预见的、随意的和即时性的。相比而言,杨泳梁和西方诸位摄影师的上海取景是刻意的、"踩点"式的、精心设计的、有目的性的。杨泳梁为了制作数字山水的"鸿篇巨制",特意在上海各处的高楼密集地取景,其中自然少不了陆家嘴金融中心的摩天大楼群。西方摄影师不论是丹尼尔制作的外滩景观切片还是霍夫莱纳镜头下东方明珠的水墨幻境,都聚焦上海标志性景观。他们的摄影实践是有选择性的、特意为之的"踩点"行为。

---

① Italo Calvino, *Invisible Cities*, W. Weaver (trans.), San Diego, CA: Houghton Mifflin Harcourt, 1987, p. 15.

② 〔爱尔兰〕格雷戈里·布拉肯:《上海里弄房》,孙娴等译,上海社会科学院出版社,2015 年,页 109。

"漫游式"创作与"踩点式"创作不仅其创作方式存在差异,创作者的摄影理念也有差别。姚瑶直言其摄影实践类似于"采蘑菇",即拍摄主体在与拍摄对象的偶遇与碰撞中完成摄影作品。夏佑至的拍摄带有影像存档的社会学属性,所以他的纪实摄影至少在其个人看来具有可解读的社会学意义。杨泳梁的踩点摄影,是以摄影为画笔,摄影取材为基点的艺术创作。丹尼尔、霍夫莱纳、宾馨的踩点摄影是一种实验性的影像生产,试图通过技术手段制造出陌生化效果,从而捕捉和表达他们心中的上海。

(二) 空间感知:陌生与熟悉

摄影师对城市空间的影像生产,不仅涉及空间选取,而且在空间选择的过程中蕴涵着空间感知,既包括摄影师本人与其所处的具体的拍摄空间的感知关系,也包括照片所呈现的空间效果给观者带来的空间感知。

姚瑶和夏佑至依自身生活和工作的半径展开摄影实践,他们照片中所再现的空间是他们熟悉的空间,有些空间甚至每天经过,当这些空间中出现了人或物的"惊异"变化,他们的作品便呼之欲出。也就是说,这些熟悉的都市空间好比一个个舞台,当物与人在这个空间中"上演"故事之时,即照片成像之时。姚瑶和夏佑至照片中的反差性场景,就是他们所感知到的"陌生感"或"惊奇感",这种"反差"对这个城市和空间而言未必是"惊异",可能就是日常,但因为摄影师的"他者"目光,视其为"惊异"。摄影师不同的地域身份对上海的感知不尽相同,不论是上海本地人、新上海人、外地人,他们遭遇深藏在上海城市肌理的"熟悉"的陌生感时,都会产生"针刺"的效果。因为对本地人来说,照片中的这些日常是被放大的日常;对非上海人来说,这些日常照片呈现了不同于宏大叙事的"另类"上海。

　　杨泳梁的上海影像展现了熟悉与陌生的另一维度。他的作品取材于人们所熟悉的上海日常，既包括繁华的商业中心也包括杂乱的建筑工地，但他对这些影像的处理方式呈现陌生化视角，即采用拼贴的方式将高楼建筑群拼贴成中国传统山水画。现代与传统、喧闹与静谧形成强烈的反差，由此制造出陌生感，引发人们对都市景观和城乡关系的深度思考。实际上对于上海本地人杨泳梁来说，这些作品流露出他用"陌生"去寻觅"熟悉"的浓烈乡愁，这些融入高楼的山水寄托了他对传统生活和礼俗社会的向往。上海现代化的加速进程改变了都市景观，也改变了他儿时记忆中的上海形象，杨泳梁试图用拼贴的方式反讽上海现代性，那个为世人所熟知的高楼林立、霓虹灯影的魔都上海在他心里陌生而遥远。齐美尔说："陌生性不是由于相异的、不可理解的事物而产生的。相反，当在一种特定关系里，人们感觉到其中的相似性、和谐、邻近性并非真正是这特定关系的独特特质；它们是一些更具普遍性的东西，是潜在地遍及同伴与不确定的其他人之间的东西，因此并没有给予这种只是意识到的关系内在的惟一的必然性；此时，就会出现陌生性。"①陌生与熟悉并不是两种毫无关联的相异特征或反应，它可能就隐藏在同一事物中，既有可能因人而异，也有可能本质上就是一体两面。上海的现代性离不开以传统性作为参照物，本地人眼中的上海也离不开外地人眼中的上海作为参照物。熟悉是杂糅着陌生感的熟悉，陌生是投射着熟悉感的陌生，两者胶着而共同构成了上海的现代性。

　　齐美尔曾指出，都市与乡村在建筑结构、景观构造、生活速度和节奏上的差异会造成都市人区别于乡村人的敏锐意识，"城市要求人们

————————

　　①　〔德〕齐奥尔格·西美尔："陌生人"，载〔德〕齐奥尔格·西美尔：《时尚的哲学》，费勇等译，文化艺术出版社，2001 年，页 113。

作为敏锐的生物应当具有多种多样的不同意识,而乡村生活并没有如此的要求"①。换言之,城市空间和城市生活"培养"和"训练"了都市人不一样的感官体系和意识系统,在逐渐适应城市生活的过程中,都市人的感官实际上变得麻木,理性变得更具优越性并成为都市人去应对城市生活的重要"利器","都市人……用头脑代替心灵来做出反应。在此过程中,不断增加的对外界的知觉与观察呈现出心灵上的优越性。……智性已被视为用来保留个性生活以抵御都市生活的强大威力"②。从这个角度来说,摄影师通过影像所呈现的都市陌生感和以都市所隐喻的乡愁,都是依托理性的自觉行为。不论是抓拍都市风景,还是制造都市景观,都反映出久居都市的摄影师们在以理性的、"有距离"的方式观察和思考上海,上海既是他们的寓居之所,也是他们反思和表现的客体。这些摄影师镜头下的上海,不论是市井画面还是摩登影像,都如同城市"切片",被他们截取、解剖、分析、再现、展示、留存。在他们的摄影实践中,上海陌生而熟悉,不仅对他们自身而言,对受众来说亦是如此。但不同的摄影师处理方式不尽相同,或将熟悉之物陌生化再造,或将陌生之物熟悉化表达。这种反差性处理,既源于都市精神本身的两面性,也源于他们的自觉,事实上他们的心理已经打上了"都市精神"的烙印,所以当他们以"不自觉"的方式按下快门时,已经进入了"自觉"呈现和表达都市性的影像生产过程。这些陌生而又熟悉的影像共同构成了更为鲜活的上海形象,即潜藏着都市精神的上海,是将感性包裹于理性的有温度的上海。

---

① 〔德〕齐奥尔格·西美尔:"大都会与精神生活",载〔德〕齐奥尔格·西美尔:《时尚的哲学》,费勇等译,文化艺术出版社,2001 年,页 187。
② 〔德〕齐奥尔格·西美尔:"大都会与精神生活",载〔德〕齐奥尔格·西美尔:《时尚的哲学》,费勇等译,文化艺术出版社,2001 年,页 187。

二、"我"的城市：不确定的城市碎影

（一）"我"的城市：主体差异与个人表达

本章所展现的四类六位摄影师，他们对上海的影像表达在题材选择、创作方式、情感表达上皆体现出鲜明的差异性和个体化。笔者对这些摄影师的择取并非任意的，而是带有鲜明的作者意识，即笔者本人试图在城市"碎影"的拼盘上力图呈现既有代表性又有差异化的上海图景，以更大程度展现和解读"琐碎"且"个性"的上海。

其一，性别差异。这四类摄影师中女性摄影师占比较少，这主要是基于行业现状的自然选择。笔者在访谈中得知，自由摄影师行业中女性从业者的比例远小于男性。女性摄影师的作品展现出女性视角下的上海形象，细致精微而又带有浪漫色彩的想象，不论是法式风情还是科幻色彩，都给上海增添了光晕，激发情感、引人遐想。女性摄影师善于捕捉和呈现人与都市的关系，并在画面中通过对比建构出一定的叙事效果，即便只呈现"物"，也以趣味感传达人与物的关系，都市性格、都市精神都隐藏在被"安放"的物的背后。姚瑶摄影作品中不经意流露的"上海情调"，是她将法式浪漫投射到上海风景的结果，上海情调披上了"法式风情"的外衣，从而形成一系列值得玩味的摄影"小品"。宾馨摄影作品中的"上海科幻"，是她对上海的印象与想象投射到上海景观的主观表达，由此形成别人未曾见过的上海。相较于女性摄影师细腻的"笔法"，男性摄影师的表达更直白。夏佑至的镜头更多聚焦于上海市民，摄影师对现实的介入性更强，在镜头的"逼视"下，都市人孤独、有距离感的心理状态呼之欲出。杨泳梁以跨界艺术创作上海形象，并从传统山水画中汲取灵感,实现传统与现代的嫁接,以平和的画面犀利地批判和反思城市化进程。

其二,表现方式差异。姚瑶和夏佑至的摄影作品源于他们对熟悉的生活环境的街拍,具有不可预知的即时性和纪实性,他们强调底层视角的旁观、纪录与思考。这类作品是关于上海城市生活空间中的老百姓自己的故事,平实而真实。姚瑶和夏佑至虽然都偏好都市纪实摄影,但表达方式有所差异,姚瑶多采用方形取景框构图,强调色彩与光影效果;夏佑至则采用黑白影调,强调影像的存档功能。杨泳梁与外国摄影师的上海影像都有浓厚的"后期效果",即通过后期的技术处理更鲜明地表达创作意图。作为技术控的杨泳梁将现代城市与传统山水进行拼合,远观和近看的震惊化效果,与现代性对传统冲击的"震惊"效果如出一辙,他的作品在观看方式上彰显出上海的"现代性"。丹尼尔用延时摄影和海量拼贴的方式制造出"碎片化"的繁华上海,以此传达出分裂—聚合、破碎—杂糅等现代城市的梦幻之感,亦从视觉层面传达出"现代性"的特质。

其三,身份差异。摄影师的地域差异、成长环境和知识背景都带来身份差异,不同身份的摄影师呈现出不一样的上海。四类摄影师中主张纪实摄影的姚瑶和夏佑至都不是上海本地人,他们长期在上海生活、工作,对上海的历史和城市空间都有较深了解,并且以"步行"的方式体验城市日常生活。但作为异乡人(新上海人)他们观看和记录上海的方式仍有鲜明的"他者"视角,即那些内生于上海本地人的精致、精明、讲究、距离感很容易成为他们捕捉和表达的对象。这种身份特征使他们常常以反思的姿态去记录上海的日常生活,由此填补了上海影像的"他者"视角。除了这类跨地的他者视角,还有另一类跨国的他者视角,即西方人镜头下的上海。在西方人眼中现代化城市有很多模型,他们试图在全球大都市的对比中去寻找上海的特殊性。例如丹尼尔用同类方法创作了曼哈顿、芝加哥、洛杉矶、好莱坞、东京的都市摄影,上海的城市影像他取景陆家嘴摩天楼建筑群,因为在他看来这是上海最具识别性的景观,更能代表摩登上海,在他的全球大都市影像计划版图中,上海现代而梦幻。霍夫莱纳则借用中国水墨画的效果去呈现黄浦江风景。不论是挪用东方意象还是使用西方技术,西方摄影师皆用自己的观念去呈现想象的上海,制造主观想象的上海形象。这四类摄影师中唯有杨泳梁是上海本地人,他用最具后现代主义的方式解构并建构了光怪陆离的上海形象,将现代城市景观拼贴成古典山水,模糊传统与现代的边界,既怀旧又批判。可以说,身份的差异性对影像呈现和表达产生了或显或隐的效果,上海形象也在不同身份的摄影师镜头下呈现出多样化的图景。

(二)"主体性"异质与"现代性"同质

这些零星而琐碎的关于个人经验的上海日常生活的影像记录和存档,如果将其连缀起来,不论是时间序列的连续还是不同主体、不同空间的拼合,都在某种程度上充实并构成了上海日常生活史的影像志。虽然它未必是完整、全面的,但从这些不同主体的影像作品中,可以窥见上海鲜活的"边缘"。这些影像往往与拍摄主体自身的日常生活有关,它是个人的、主观的、偶然的,也是边缘的,不能成为表征上海形象的"主流照片",甚至因传播的有限性无法抵达大众的视线。

但恰恰是这些零星而琐碎的影像,成为体察和考量城市温度和城市饱满度的重要素材,它们都是上海日常生活史的不可或缺的影像构成。"所谓'日常生活史'的研究,则主要指采用历史学或社会学或人类学或民族学或心理学等方法,去分析物品及生活习惯等具体的、日常的现象,并通过这种分析,达到了解生活形态的变化乃至各社会集团成员意识变化的目的,并最终和社会结构、社会形态的变化联系起来。"①
可以说,这些个人化和个性化的日常影像,有助于了解上海这座城市的
细部和肌理,了解居于其中的人是如何生活的,了解都市人与城市空间
的关系。姚瑶的摄影作品就非常精妙地呈现了上海人的脾性、生活方
式和生活习惯;夏佑至的摄影作品深刻揭示出都市人孤独的心理与距
离感。值得注意的是,这些有关上海日常生活的照片对上海"细部"的
呈现必须放置在"社会结构、社会形态的变化"中去理解,而这又不可
避免地涉及上海的城市社会史、城市空间构成、上海的地方性等等。这
些琐碎的细节照片如同上海城市发展史的切片,细微却使城市形象饱
满而生动。

从某种程度上来说,这些差异化、个性化的都市影像生产实践,又
体现出摄影师作为生产主体的同质化,这一双重属性合于"现代性"的
文化生产实践。匈牙利学者赫勒(Angnes Heller)从现象学角度指出日
常生活是异质性与同质化的合一,"日常生活的特征之一是它的异质
性;它在一个异质行动的世界中而骚乱地推进,它要求异质的机巧和能
力",人在日常生活中的行为是异质的,"但是这并不排除或多或少同
质行为和对象化领域的可能性",并且恰恰是同质性使对象化领域得
以建构,"一个对象化愈是一般地建构起来,它就愈加同质"。② 在上海
影像的形成过程中,摄影师既依照自身的日常生活轨迹、规律和方式来
进行影像记录和生产,并且在创作中彰显和表明他们作为创作主体的
差异性,但这种差异性不是冲突和对立,而是在上海"现代性"的视域
下表现出了同质。摄影师从不同维度去再现和表达被现代性所裹挟的

---

① 黄正建:"社会史中的日常生活史研究",载黄正建:《走进日常唐代社会生活考论》,中西书局,2016 年,页 283。

② 〔匈〕阿格妮丝·赫勒:《日常生活》,衣俊卿译,重庆出版社,1990 年,页 61—62。

日常生活,不论是城市景观的变化,人与人距离感的改变,还是人对空间的感知和想象,这些都是上海现代性的侧影。

小结　上海"琐碎"：现代性"杂质"

不同创作主体的摄影照片所构成的上海形象是"琐碎"(trivial)的,"琐碎"源于摄影实践的日常生活性。摄影师关于上海的影像记录在很大程度上与其自身生活的背景有关,或是对其生活半径的呈现,或是对其生存状态的反思。在琐碎的上海形象中,上海形象呈现出丰富性、多维性的特质,并且借由这些异质化、个人化的摄影照片,城市与人之间既具象又抽象的关系得以呈现。

"琐碎"的上海是个体化和个性化的摄影师所生产出来的,与此同时,摄影师在以照片形式生产上海形象的过程中也生产着自身。赫勒在定义"日常生活"时强调了个体与社会互相生产的关系："如果个体要再生产出社会,他们就必须再生产出作为个体的自身"[1],日常生活就是自我生产和社会生产的过程。从这个角度来说,"琐碎"的上海既是摄影师生产的日常社会性集合,也是摄影师自我生产的主体性集合。

在这些视觉表现力和取材、取景各异的上海影像中,城市空间得以拼接和聚合,这种聚合本身也构成了理解城市文化的重要组成部分,"城市不只是一种空间的聚集,聚集空间的本意是创造一种生存形式,就是所谓的城市文化"[2]。来自上海本地、外地和外国的摄影师,他们

---

① 〔匈〕阿格妮丝·赫勒：《日常生活》,衣俊卿译,重庆出版社,1990 年,页 3。
② 姜利勇：《高层建筑文化特质创意设计》,国防工业出版社,2016 年,页 32。

用自己的方式记录、表达、思考上海的多元空间和进行空间的再生产，呈现出迥异于上一章"上海全景"形象的异质性上海。这样的上海形象是上海现代性的另一重维度，如果从其异于主流话语的"现代性"特质来看，上海琐碎的日常生活形象是现代性的"杂质"。

结　语
摄影与上海形象：镜像、意象与秩序

　　城市是现代的,这一习以为常的观念是将乡村作为对照物或参照物的话语表达,在传统观念中,城市和乡村通常被视为两种相互对立的空间结构和生活方式。雷蒙德·威廉斯就曾深入探讨两者的关系,认为人们对城市和乡村的看法是人们对居住形式的"情感概念化","对于乡村,人们形成了这样的观念,认为那是一种自然的生活方式:宁静、纯洁、纯真的美德。对于城市,人们认为那是代表成就的中心:智力、交流、知识"①。这种将乡村和城市对立起来的观念,雷蒙德·威廉斯认为其源头可追溯至古典时期。从城市发展史的角度来看,工业革命大大推动了城市化进程,城市在地理范围上的扩张和城市自身的膨胀发展尤其是大都市的崛起都与"现代化"构成无法割裂的连带关系。与之相应,"城市的这种社会特点——转瞬即逝、无法预测,还有它那实质性的、令人激动的隔绝和人事变迁——被视为人类整个生活的现实"②。

　　对城市现代性的理解,的确需要以乡村作为参照物。城市现代生活的断裂性,是指与传统乡村生活的宗教性和世俗性发生断裂。"乡村生活,属于滕尼斯意义上的共同体,而城市则是一个社会意义上的组

---

　　①　〔英〕雷蒙·威廉斯:《乡村与城市》,韩子满等译,商务印书馆,2013年,页1。
　　②　〔英〕雷蒙·威廉斯:《乡村与城市》,韩子满等译,商务印书馆,2013年,页319—320。

织。按照滕尼斯的理解,乡村这样的共同体是一个自然意志(natural will)主导的礼俗社会,都市则是一个理性意志(rational will)主导的法理社会"①。对现代城市的理解,既要考察时间脉络中包括技术在内的各种因素对城市生产、生活的形塑与改变,即"现代性"是如何发生的;也要回应空间视域中都市与乡村在结构、表征、话语上的关联与变化,即"现代性"何为。

一、上海形象:具象的上海与抽象的上海

摄影,同样作为现代化的产物,与城市有着不解之缘。摄影诞生在城市并依托城市而蓬勃发展,城市既成为摄影再现的客体,也成为其寄生之所。都市摄影(urban photography)这一以都市为拍摄题材的摄影类型也随着城市化进程逐渐在摄影师的摄影实践中发展壮大,"真正意义上的都市摄影家是在新兴城市发展的基础上产生的——离开了20世纪30年代以后西方大型都市的迅速崛起和高速发展,也就很难有性格鲜明的以都市题材为背景的摄影群体的形成"②。都市摄影是一个庞杂的概念,包括社会纪实摄影(social documentary photography)、街头摄影(street photography)、城市景观摄影(urban landscape photography)、艺术摄影、观念摄影等等。都市摄影的兴起,凸显出人们运用摄影进行再现、表达、反思其所生存境遇的多种可能,"都市摄影师反映了身在其中的人是如何看待被城市母体所孕育的人们,进而改

---

① 汪民安:"大都市与现代生活",载陈恒主编:《都市社会学》,上海人民出版社,2014年,页346—347。
② 林路:《摄影思想史(修订版)》,浙江摄影出版社,2015年,页306。

造它成为更适合的母体的演变过程的摄影"①。顾铮教授认为，都市摄影在某种程度上是"光学无意识"和"都市无意识"的"一拍即合"。所谓"光学无意识"是本雅明所说的摄影机械复制术优于人眼的功能，它能放大、加速、定格对象物。所谓"都市无意识"，"指的是都市本身所无法察觉的自身的诸多秘密所形成的一种整体意义上的作用与影响人的都市意识与心态的气氛"②。正是两者的综合作用，实现了来自摄影家之眼和机械之眼的"显身"。不论都市摄影是"有意识"的还是"无意识"的，都市摄影都以其将乡村作为异己指涉的鲜明指向性，成为了解和分析都市与城乡关系的动态媒介。

　　摄影照片中的上海形象是具象的。它呈现出上海的地理景观、街道建筑、人物风情，这些题材都具体可感甚至可以按图索骥找到原型。这些具象的上海形象是多元而丰富的：有全景视角的、特写视角的，有同一景观不同视角、不同时间的反复再现，也有同一时空不同景观的拼图；有男性视角的上海，也有女性视角的上海；有毫无雕琢的上海，也有加工再造的上海；有市井气息的上海，也有摩登气息的上海。

　　摄影照片中的上海形象也是抽象的。抽象性一方面指视觉表现力的抽象性，被简化成几何图形的城市是抽象的，被模糊化处理的城市是抽象的，被凝缩成某个物象的城市是抽象的，视觉表现力的抽象城市与现代主义艺术风格有相通之处。抽象性的另一层面指视觉符号未完全抵达意义整体的抽象性。城市河流所勾连的历史、被建构的民族想象是抽象的；豫园所占据的城市方位、形成的城市向心力及所建构的城市交往空间具有抽象性；摩天大楼的性别暗示、权力展示是抽象的；上海街头市井生活所体现的上海人性格以及人与人相处的心理特征是抽象

---

①　宋靖编：《形影不离：技术变革与影像拓展》，中国电影出版社，2015 年，页 213。
②　上海市摄影家协会编：《顾铮摄影文论集》，上海文化出版社，2012 年，页 166。

的。虽然经由摄影照片中的具象可以抵达抽象,但不同观者对摄影照片中上海形象的感知是有差别的,如何通过摄影照片呈现、理解、建构和传达具象又抽象的"立体"城市是具有主观色彩的视觉经验。

具象的上海具有封闭性,是向"内"的;抽象的上海具有张力,是向"外"的,加斯东·巴什拉(Gaston Bachelard)认为,"内"和"外"是非对称的,"内"是具象的,而"外"就像人类的想象力一样是无边无际的。"具象"和"无边际"之间的对立并不真实存在,不对称性可能会一戳就破。内和外并没有得到恰如其分的表述,但事实上没有人的生活可以完全做到内外界限分明。①无论人们透过摄影照片感受到几分上海形象的具体与抽象,上海形象本身是具象与抽象的合体。

上海形象的具象与抽象都与上海的生活方式有关,并与异己指涉的乡村发生或隐或显的关联。摄影照片展现出上海的多种生活方式:接近自然的生活方式(河流),融通自然的生活方式(园林),现代化的生活方式(摩天楼),以及在几者之间寻求均衡的想象与构想(数字山水)。事实上,乡村和城市自身的发展以及它们之间的关联都是时空范畴里不断变化的历史与现实,"我们的真实生活经历不仅仅是对乡村和城市的最独特形式的经历,而且还包括对二者之间的许多中间形式以及对新的社会、自然组织的经历"②。从城市环境史的角度,都市与自然的关系再一次凸显,其与人本身所面临的生存境遇和现代化危机有关,同时也提供了重新思考都市现代性的视角,"关注城市景观中细节的变化,寻求每一个具体城市在环境史意义上的特征,重新书写一个城市的'传记'"③。

---

① Gaston Bachelard, *The Poetics of Space*, Boston:Beacon Press, 1994, p. 215.

② 〔英〕雷蒙·威廉斯:《乡村与城市》,韩子满等译,商务印书馆,2013 年,页 393。

③ 侯深:"没有边界的城市:从美国城市史到城市环境史",载陈恒主编:《都市社会学》,上海人民出版社,2014 年,页 384。

二、上海形象:城市意象与视觉秩序

　　城市意象是人们认识城市的中介物,建筑、物体、空间、景观等都可以成为城市的意象。意象具有符号性,凝结于意象上的表征体系使人们快速建立起对城市的认知和与城市的关联。"符号表征对城市内外的一切事物都潜在地敞开着",并且符号表征能以最快捷便利的方式提供关于城市的表面秩序,维系城市在认知上、交流上的正常运转,"这些意象或表征能够创造'共同的指涉对象',成为市民和游客共同的文化素养的一部分。他们充当共同的指涉对象,使城市内不同群体之间的对话成为可能"①。

　　视觉化的城市意象从心理认知层面建立起城市与人的感知关联,这与杰拉尔德·萨特尔斯(Gerald Suttles)从认知图式所言及的"城市图像学"(urban iconography)具有相通性,即城市中被人们赋予意义的物质的或空间的事物,共同构成了认知城市的图像。② 如果从符号和对象的关系来看,城市图像与城市意象都表明城市复杂性与人类认知的符号化管理之间的必然联系。由于摄影的介入,城市意象的符号化变得更多元、更丰富,同时借助摄影和大众媒体的传播,摄影照片作用于对象物的复制再现,并通过不同主体的摄影实践的反复作用,使摄影对城市意象产生了愈加强大的"生产力"。

---

　　① 〔美〕丹尼尔·约瑟夫蒙蒂、〔美〕马克尔·伊恩·博雷尔、〔美〕林恩·C.麦格雷戈:《城市的人和地方:城市、市郊和城镇的社会学》,杨春丽译,江苏教育出版社,2017年,页151。

　　② Gerald Suttles, "The Cumulative Texture of Local Urban Culture", *American Journal of Sociology*, Vol. 90, No. 2(1984), pp. 283-302.

尽管人们对城市的认知需要借助城市符号系统,但城市意象所符号化的城市形象往往是简化和凝缩的城市。正如聚焦于城市意象的摄影照片中所呈现的上海形象是被简化的形象一般,豫园和摩天楼的视觉呈现都是不完整的上海形象,却又在某种程度上代表着上海。社会学家沃纳(Sam Bass Warner)曾对摩天大楼和城市形象展开分析,"摩天大楼作为当代城市的独特建筑形式,是团体权力的象征,它作为一种权力意象向城市居民展示出一个充满进步性及可能性的世界",与此同时摩天楼也消解了城市的多面性,"这种摩天地平线式的形象实质上是虚幻的,转移了对由贫民引起的城市问题的注意力"①。不仅摩天大楼本身无法完全代表上海,从摩天大楼上取景的上海全景照片也是关于上海形象的简化版微缩模型,"实际上这种方法往往造成极大的误解,将城市形象仅仅简化成密度高低的组合和少数特色景点的排列"②,这种单向度的符号系统运作在本质上无法深入城市的实质与肌理。随着影像生产和传播技术的发展,创作主体的多元化在很大程度上丰富了符号系统运作的维度。如果说全景式的上海形象是浓缩模型,代表着城市理性的一面;那么微观的上海形象则代表着感性的一面,"生活在城市中的个体在真实地感受城市生活的同时,必须凭借符号来寻求城市生活的意义,从而形成城市形象"③。这些来自多元创作主体的城市影像,既有可能是主体对客体的能动性再现,也有可能是人与物在特定时空机缘下的碰撞,是行动者在网络中的相互作用和结果。城市以及城市中的人既通过影像来建构意义,也通过影像来确立自身,

---

① Sam Bass Warner, "Slums and Skyscrapers: Urban Images, Symbols and Ideology", in Lloyd Rodwin & Robert M. Hollister(eds.), *Cities of the Mind: Images and Themes of the City in the Social Sciences*, New York: Plenum Press, 1984, pp.181-195.

② 蔡禾主编:《城市社会学:理论与视野》,中山大学出版社,2003年,页107。

③ 蔡禾主编:《城市社会学:理论与视野》,中山大学出版社,2003年,页107—108。

城市形象在诸多城市影像的再现和实践中显现。河流所体现的城市"自然性"，豫园所体现的城市"人工性"，摩天楼所体现的城市"国际性"，街头摄影所体现的城市"个性"，这些共同拼合成城市形象的多面相，构成理解上海现代性的"四张面孔"。

　　城市秩序的营造与城市可见的"显相"有关，也与城市不可见但可感的"隐相"有关。其中"显相"包括城市建筑、景观、公共空间等，这些物件很容易被摄影机镜头捕捉，尤其是那些彰显城市高度、速度的摩登之物更成为人们聚焦的对象，并周而复始地被翻拍和呈现。而城市"隐相"是城市中那些不易为人所觉察或已习以为常的日常景观，它构成城市的暗部，有时候甚至是与城市的现代性"格格不入"的景观，如河流、豫园。无论是显相还是隐相，当它被摄影机镜头捕捉之时，就被聚焦和放大，成为众多城市之景的"凸显"，也构成了人们重新去认识城市、发现城市、解读城市、建构城市的媒介，也恰恰是这些由显相与隐相共同构成的多面相成为城市秩序的拼版。

　　"城市秩序是一种复杂多样的、开放的秩序，是一种慢慢被挖掘、逐渐被理解和探究的模式，这常常能构成一个城市所特有的性格"[①]，也成为一座城市具有差别性和区分度的标志。城市秩序不是抽象的，它渗透在城市的日常生活和运行中，并以不同方式表达和显现，"城市视觉秩序是城市秩序的外化，通过视觉的作用机制，城市秩序才能被把握和认知"[②]。城市视觉秩序的某些方面可以人为营造，例如改造城市景观和空间布局，重新进行城市规划和城市建设等。摩天大楼的比拼、聚合就构成了城市秩序中独具特色的显相，对上海来说，摩天大楼是上海现代性的显著标志，因为这一城市景观集中彰显了现代性的诸多质

[①]　姜利勇：《高层建筑文化特质创意设计》，国防工业出版社，2016 年，页 17。
[②]　姜利勇：《高层建筑文化特质创意设计》，国防工业出版社，2016 年，页 17。

素。城市秩序也有不为人所营造的部分,尤其是自然之物,例如河流在历史脉络中构成了这个城市的生命之源和文化之源;还有时间之物,那些历史遗存的建筑包括名胜古迹和旧城风貌也成为城市秩序的重要组成部分,这些"旧物"或许增加了城市的无序感,但这种无序感恰恰又彰显出城市的历史性和文化性。那些来自个人的有关日常生活的摄影,则在更大程度上诠释了城市的秩序。这些日常生活的影像大多与城市人有关,照片中人物的表情、行为及人与人的关系透露出城市的精神面貌。日常生活的杂碎在某种程度上也解构了现代都市的秩序性,但沉淀在都市人身上的精神特质如上海人对生活细节的讲究和精细化处理又与都市的秩序性形成回响。可以说,城市的"自然性""人工性""国际性""个性"共同构成了城市秩序,"城市秩序既有构成城市物件自身视觉关系的'景',也有大众认知和视觉体验的'观'"[1],"城市视觉秩序也是在'景'与'观'的交互作用关系中产生的"[2]。

三、上海形象:城市文化与城市精神

散文家舒国治曾形容不同城市的个性:纽约是抽象的,京都是雅致的,伦敦是萧简的。[3] 那么上海是怎样的? 在历史上被冠以"魔都"之称的上海一直以来在媒介叙事和日常生活的表述中延续了这一称谓。"魔"似乎成为一个极具概括力的词,成为极为贴切的上海指称,既有魔力的现实性,也有魔幻主义的超现实性,既有魔性的完成时,也有魔

---

① 姜利勇:《高层建筑文化特质创意设计》,国防工业出版社,2016 年,页 21。
② 姜利勇:《高层建筑文化特质创意设计》,国防工业出版社,2016 年,页 23。
③ 舒国治:《理想的下午:关于旅行也关于晃荡(第 2 版)》,广西师范大学出版社,2013 年,页 3—16。

性的进行时。

城市社会学家路易斯·沃思(Louis Wirth)从城市与人的流动性的关系指出,城市"建成了一个史无前例的文化综合体"①,在这个文化综合体内部,不同地方的人混合与分裂并存、合作与战争并存,城市成为现代社会特征的集中地。上海从城市发展史的角度来看,本身就是一个五方杂处之地,在这一城市空间中,有来自多种人群和多元文化的碰撞,其"魔性"自20世纪初就已显现。时至今日,上海这种基于历史传统的文化属性被称为兼容并包、海纳百川,这也是它区别于中国其他大城市如北京、广州的特殊性所在。可以说,城市作为"文化综合体"非一日之速成,而是自然生长的。

如何理解和把握城市文化? "城市文化视角是基于地方而不是基于城市的。"②也就是说,一个城市要建构自身的城市形象和城市文化时,必须在其历史传统的资源中去寻找它的"地方性",尤其在国际化、全球化的快速进程中,现代化城市的建设方式、建筑规模、空间架构都逐渐在工业化、理性化的引导下趋同,国际大都市变得越来越同质化。同质化既是识别其国际身份和现代身份的标识,但同时也形成了对其差异性和个性建构的挑战。如今城市的发展和城市形象的塑造越来越重视对其"地方性"的打造,"地方性"有其不同于标准化生产的历史性、传统性和民族性,因此在城市形象中如何让"地方性"更鲜明地凸显出来并成为其标识,逐渐为市政规划者和城市研究者所重视。对于上海来说,它与生俱来的"自然物"苏州河、黄浦江是其"地方性"之所

---

① 〔美〕路易斯·沃思:"都市社会和文明",周旭峰译,载陈恒主编:《都市社会学》,上海人民出版社,2014年,页354。

② 〔美〕丹尼尔·约瑟夫蒙蒂、〔美〕马克尔·伊恩·博雷尔、〔美〕林恩·C.麦格雷戈:《城市的人和地方:城市、市郊和城镇的社会学》,杨春丽译,江苏教育出版社,2017年,页148。

在;根植城市发展脉络的"人造物"豫园是其"地方性"所在。这也是为何有关上海的城市形象宣传片中总不忘取景苏州河、黄浦江,总不忘聚焦豫园之原因所在。从另一个角度来说,"地方性"构成了理解"现代性"的重要方面,正如城市与乡村的相因关系,地方与国际的相因关系,对上海"现代性"的理解无法回避上海的"地方性",基于"地方性"的"现代性"构成了上海的城市文化,亦形塑了独具特色的上海形象。

城市文化和城市精神具有相通之处,"城市精神属于历史范畴,可记忆、可遗传,有延续、有变异"①。在某种程度上,城市文化和城市精神属于抽象的城市,它须经由具象的城市如城市意象予以表达。不同的城市意象如何共存于城市文化与精神之中? 这指向了城市文化和城市精神的意识形态性。列斐伏尔(Henri Lefebvre)反对将城市的空间布局和规划看成是纯粹意义上的科学和技术,他主张对城市现象的意识形态分析,"任何主张,假如它直接或间接地有助于生产关系的再生,那它就是意识形态。因此,意识形态不能脱离实践"②。基于此,他提出了空间生产的理论,在他看来"城市是由以下三个相关概念组成的,即空间、日常生活和资本主义社会关系的再生产。他认为城市是全球空间的脉络背景(context),通过它,生产关系在人们的日常经历中得以再生产"③。也就是说,生产关系和社会关系在城市空间中发生和开展,城市文化和城市精神的塑造和建构除了那些较易被对象化的空间、建筑等实体物之外,还依托生产关系和社会关系的展开。而这个层面的城市文化和城市精神就与居于城市中的人、人群结构、聚集方式、交往方式密切相关,"城市也是来自交互网络。它们在人类彼此交互的

① 姜利勇:《高层建筑文化特质创意设计》,国防工业出版社,2016 年,页 34。
② Henri Lefebvre, *The Survival of Capitalism*, London:Allison & Busby,1976, p.29.
③ 蔡禾主编:《城市社会学:理论与视野》,中山大学出版社,2003 年,页 170—171。

地点和时间中形成",正如齐美尔所强调,城市如同人的身体,不仅仅
是器官的堆积,还在于其间所发生的关联和交互,"城市并不仅仅只是
街道和建筑,它们是任何人的交互网络"①。换言之,人的"改造"与物
的"改造"共同构成了城市文化和城市精神,对城市形象的理解应超越
它的自然界域性和物理空间性,"一座城市是由超越了它当前范围的
总体外观所组成,只有这总体外观所蕴含的范围才是城市实际的范围,
城市在这个范围内表现它的生存状态"②。

---

　　①　〔爱尔兰〕格雷戈里·布拉肯:《上海里弄房》,孙娴等译,上海社会科学院出版社,
2015 年,页 160。
　　②　〔德〕齐奥尔格·西美尔:"大都会与精神生活",载〔德〕齐奥尔格·西美尔:《时
尚的哲学》,费勇等译,文化艺术出版社,2001 年,页 195。

附 录 访谈录

（一）

访谈对象：姚瑶

访谈者：陈阳、李翊菲

访谈时间：2019 年 1 月 17 日；2019 年 11 月 22 日

访谈对象简介：

姚瑶，自由摄影师、策展人，四川成都人，现居上海。先后毕业于华东师范大学、复旦大学。从事摄影创作和策展，多次举办摄影个展，摄影作品受到海内外关注。作品参展上海影像艺术博览会、上海城市艺术博览会，曾举办摄影个展"'行'单影只"。

访谈内容：

问：看了您的摄影作品之后，对您作品中一些光影效果非常感兴趣。从您的作品中能感受到蕴含着"浪漫"的元素，这与很多摄影师的纪实风格不大相同，让我看到了不一样的上海。您觉得您自己的作品对于这个城市来说意味着什么？

答：其实我们都生活在上海的城市空间，但可能每个人的观察角度不一样。我的照片只是提供稍微多一重的不一样的观看，可能是我有近视，所以我是更放大去看的。我觉得它（摄影）可能对我自己的意义更重要一些，它可能是我的生活周围的一些场景，或者是我当时萌生的一些感受。就像你说我的那些光影，就是因为我看到这个光影我会很欣喜。

问：此前从您的其他采访了解到，您主要是用 iPhone 进行拍摄。我们知道 iPhone 其实有很多模式可以选择，也有各种比例可以选择，您为什么选择了方形的取景构图，这会不会对拍摄对象有影响？这种构图对呈现您的作品有什么帮助？

答：手机它的隐蔽性还是蛮高的，你在走路的过程中的拍摄会变得比较自然，也会给别人一种业余的假象。我还是很需要在我的拍摄对象不被发现的时候来拍他们，所以这一点其实对我还挺重要的。这个工具对我来说是契合或者是适应性高，手机对我来说是一个很重要的工具。最初我想要发表的那批照片，都是用我的 iPhone 6s 拍的。

我昨天新买了一个 iPhone 11，还在不断适应新手机的过程中。因为 iPhone 6s 它是直接可以拍正方形的图片，而且我发现 6s 拍正方形图片和长方形图片的光学变形是不一样的。方形在我看来是最正的，不管是颜色还是角度的变化是最小的，可能有点像定焦镜头，所以就更写实了，能更真实地去呈现。之后我也发现正方形的构图比较容易饱满，所以当时拍的正方形照片比较多。我很执意地发表了一些正方形的照片，包括我第一次参加摄影展，可能大概有四五张照片，其中就只有一张是长方形的，其他都是正方形的。不过我最近又回到了长方形，就 4：6 的这种。

我最近的一些观察或者说我觉得可能那样的照片（长方形）还是更正式一些，而正方形的照片更适用于社交媒体。可能也是因为我那时候拍了很多正方形照片，我会首先发表在社交网络，所以那时候拍摄的考量更多是在社交网络发布。但是我最近想到书籍出版，就可能还是以长方形照片为主，因此最近又开始拍长方形照片了。也就是说，照片传播的介质载体可能会决定它到底以什么样的方式呈现,并且对最终发表的渠道也会有影响。此外有些朋友可能受我影响,也开始拍一些正方形照片,那么这个时候我就想转变一下(可能改为 4∶6 的长方形尺寸)。

当然这可能就是我凭借自己的一种感受力去拍的,没有什么很特别的原因,就拍出来好看就行!对!包括有时候是 16∶9 的,有时候你会觉得全屏的也很爽。我还发现在微信聊天工具里,如果在微信页面拍的照片,它就一直是 16∶9 的。其实这种宽幅很合适,而且角度也很正,虽然它的像素有点低,这个比例我也喜欢,我比较喜欢变形比较少的那种。

新的手机我还在适应,因为它的取景框会自动调整为上下的都露出来,所以有时候有点拿不准你的边界到底在哪里。如果像之前用 iPhone 6s 拍正方形的话,就会特别明确其边界,然后构图就会比较精确。

我也在想不用手机拍的阶段,它(作品)可能会有所改变。可能用 iPhone 6s 拍照是我的一个阶段,接下来我还不知道我对 iPhone 11 拍照的适应性如何,因为有新的照相机或者新的工具来拍摄,可能会产生新的(摄影风格和作品)。

问:关于上海的街头摄影有非常多的风格,您觉得您的街头摄影作品特别之处在哪?

答:(我的摄影作品)确实很多都是在室外街头,特别是上海的系列,都是我去什么地方或经过什么路上(拍的),有时候也会特地出门去拍拍照片。我之前发表的作品,拍肖像这种类别比较少,拍上海一些老建筑比较多,但我拍建筑又不是拍建筑本身,而是关注建筑的一些部件、一些细节,以及它的空间关系。我也有很喜欢的专注拍上海的摄影家,比如陆元敏老师,他就会很反感别人说他的照片是街头摄影作品。

　　对我而言,他们以更加开阔的视角去呈现他们所看到的东西,但我所拍摄的东西不大会超出我的生活范围,所以我更愿意说我的摄影是与社区(发生)关系。我所居住的社区附近的街道我是走过很多遍的,或者我会想在路上办一个展览,它就是我的生活区,我每天都必须要去的地方。据我所知,其他的街头摄影师,任何一条街道他们都可以去拍摄。所以说这是我与其他摄影师的不同,我觉得每个人的背景不一样,这些都能在作品里表现出来。

　　问:是的,我前面就说能从您的作品中感觉到法式浪漫的情调。请问您的作品是不是受到您在法国学习生活经历的影响?

　　答:我觉得是挺大的影响,当然随着我现在的一些经历可能它的影响又在慢慢地稀释。特别是在 2015 年的时候,这种影响非常强烈。在经历了我去法国学习的 2011—2012 年,这种影响好像经过一个沉淀变化的过程,然后在 2015 年的时候,达到了一个比较浓烈的状态。

　　我觉得我对光线的认识其实就是在法国形成的,特别是在法国南方,白天的时候,它的光线真的很明丽,天是很蓝的。因为我们看到的颜色其实是光的反射,因为光线的不同所以你看到的颜色也会不一样。就在那个时候我好像突然明白了光,然后我也特别喜欢看在光的照耀下的这些事物的颜色。突然有一天我发现,我周围的一些朋友他们可能对顺光跟逆光其实没有那么强烈的感受,我说"你没有光线",但他们可能不明白我说的是什么意思。

　　为什么印象派在法国诞生,跟他们的自然天气有关系。今年 9 月我去了梵·高所在的一个修道院,圣雷米小镇的修道院。我想去他当时住的房间看看,据说他经常在窗口画画,因为他被认为是精神有问题的病人,所以房门都是上锁的,他们没有办法保护隐私。我本来以为大家可能都会去参观他的房间，但很多人都去了一个像博物馆那种的礼品售卖区，买一些冰箱贴什么的。我执意要去参观那里的花园，我在想象他当时在那里疗养的时候，可能会去花园散步。结果一走进去，眼前所看到的跟他的画非常像，看到的颜色与他的画里面是一样的，蓝色的笔、白色的花。这才发现印象派就是去描绘他们眼前看到的颜色，没有什么变化。

问：您的摄影作品在诠释法国和上海这两座城市的过程中，有没有什么关联或相似之处？

答：你是说我在表现它们时候的异同点，还是说我对这两个城市本身的一些感受？我有一个系列的摄影作品，给自己做了本书，本来想印成画册但最后只印了一些样本，20 本左右。我最初设想是把它做成一个有 300 本印数可以出售的画册。这本书就同时有上海和巴黎的照片，包括巴黎城市和一些小的景观。

总的来说，我觉得可能我对巴黎还是有一种比较异域情调的想象，并且会把对巴黎的想象带到上海来。比如当我进入衡山路的时候，觉得它的景观很像巴黎的什么地方，就会把它记录一下，当然我觉得它们也很不同。在上海我会拍比较市井的照片多一些，我特别容易被老上海人所吸引。老一辈的上海人他们的衣服是经过很多次的洗涤，那种颜色，我觉得非常淡雅。在巴黎也有一些很好看的老头、老太太，他们乘坐公交车，穿得很精致，妆容也很精致。

我最近对巴黎有一些疲倦，9 月又去了一次巴黎，有两天半待在那里，我不知道为什么这次觉得那里的人特别不友好，以前都没有这种感觉，他们表现出对游客很疲惫的那种状态。当时我就特别想念上海，就特别想回到上海，这让我觉得这里（上海）可能才是跟我更有关系的一个地方。

问:您拍了这么多关于上海的作品,把您的作品全部联系起来的话,您觉得您想要表现一个什么样的上海?作品有没有一些连贯性?刚才您也说了,作品很多拍的都是市井,是您生活区附近的照片,这里面是不是有一些连接点?

答:我有一些感兴趣的点所以一直在拍。比如说之前我会被街头的一些字体,就是上海人自己写的邮箱的名字,或者是一些小商贩给菜标的价钱,会被老一辈上海人的这种点(生活细节)所吸引。如果有一个摄影展览的契机,我可以重新去整理我之前拍过的一些照片,把它们串起来,做一个展览或者一个系列的作品。我的关注点是有一些连续性的,可以通过重新的编辑和整理来把它们构成一个系列,是有序的。

你问我眼中的上海是什么样的,我很难给出一个确切的答案。我身边那些摄影朋友,他们可能会去诠释,比如说摩登上海,但我认为这种观念比较先入为主,是去刻意找一些东西,这不是我的工作方式。我(工作的方式)可能就像采蘑菇一样,我发现了蘑菇先把它采下来,然后再来看怎么做一道菜。

如果要列出一些(有关)上海的印象,我觉得摄影师眼中的上海可能跟大家眼中的上海也差不多。只是我只能表现我眼中的上海。如果是那些"高大上"的照片,我的照片并不会与它们纳入到一个系列里面。(我的作品)可能还是一些更细微的感受,比如说上海人生活的精致,是把一个资源极致利用的那种精致。我会被这样一些细节打动,比如有时候我走到一个老弄堂里面,发现那种晒衣服的盘架子,上面夹着三支牙刷,那是在晒牙刷,这种情景在其他地区很难见到。(对有些人来说)因为没有生活在上海,所以大家可能想象不到上海的这样一个侧面,这是完全生活化的一面。其次上海人择菜也择得很细致,比如吃螃蟹就要每个部位都吃到,这样一种精致,总是让我有不同的感受。

问:有什么摄影作品,包括自己的作品或其他摄影师的作品,您比较满意或者印象深刻?

答:关于上海(的摄影作品),我觉得对我影响深远并持续给我灵感的是陆元敏老师(的作品)。虽然他的一些系列作品已成为经典,但他实际上是一个与时俱进的人,他的那种观察力和感受力以及切入的(角度),依然持续地感动我、给我启发。他的作品很棒,对我来说是隽永的。他的视角,包括跟他的一些交流,都启发着我。他没有什么架子,我去过他家两三次,前几次去的时候,他还会牵着狗来地铁站接我,然后再一起走到他家。五六点要回家的时候,他又会把我送到地铁站,顺便遛一下狗,就这么 nice。他真的很温暖、很温和,他跟他的拍摄对象既保持距离感又很关心。所以看他的照片,每次看都会被他的一些视角所触动。我感觉他是很典型的上海人,是那种很精致、有要求的上海人。

陆老师的照片里也会体现出那种精致,特别是他的"上海人"系列作品,其中"上海人"有一张照片是一个戴眼镜的男士站在钢琴前,如果我没记错的话,这个画家其实命运还挺悲惨的,有一些悲情色彩,但在作为洋房里的上海人来宣传时,可能这些点就会被刻意忽视掉。(单看)照片本身你没有办法看到背后的故事,这可能是照片的缺陷。如果你知道更多的信息,你对照片的感受就不一样了。如果你不知道,就单纯欣赏这个人的时候,你看照片也看不出(背后的故事)。就这一张照片,你就能感觉到照片有欺骗性。

现在也有一些年轻一代的摄影师关注上海,包括有的摄影师就出生并生长在上海,然后持续关注上海。但我觉得他们可能更有那种专题思维,比如要拍废墟中的上海,或者表现几乎没有人的上海的密度空间,那种空间很平面化,是比较当代的创作方式。但对我来说,他们应该向陆元敏老师(学习),一生都在拍摄。所谓系列或专题又怎样,我可能更赞同比较散漫一点的拍摄方式。

问:如果用一个词来定义您的作品和上海城市之间的关联,您会用什么词?

答:我跟上海的关系我可能还没有想到,但是我希望它是一种希望,是一种插科打诨,是一种并不重要的那种感觉,对,那就可以被大家忽视。

我是没有根的,我可能甘于这种状态。或许主流的喜闻乐见的东西被放在聚光灯下,我只希望(我的作品)是大家偶然发现还有这样的上海角落。自我边缘,对,就是这样,就是希望成为这样一种角色。

（二）

访谈对象:夏佑至

访谈者:陈阳

访谈时间:2019 年 12 月 7 日

访谈对象简介:

夏佑至,作家,现为上海大学新闻传播学院副教授。著有《干掉摄影师》《上街》《蒙尘记》。

访谈内容:

问:上海作为您取景拍摄的重要地点,您觉得您的作品对于这个城市来说意味着什么?

答:上海的特殊之处在于这座城市在空间构成上的多样性。由于这座城市在地理和历史上的特殊性,也由于在历史上形成的很多因素今天仍然在发挥作用,上海的确是中国景观最多样化的城市,不管是那些地标性的空间,还是非常本地化的场所,都非常和谐地以上海特有的方式共处。如果一个摄影师关心的是空间与人的互动方式,上海是呈现和探讨这个问题的理想场所。

问:在《上街》一书中,您选用了黑白影像呈现作品,有什么特殊用意吗?

答:主要是考虑印刷效果。我并不是职业摄影师,对我来说,拍照是写作和学术研究的一部分,所以在选择照片制作方式的时候,主要的考量是它们的用途。《上街》这本书很早就确定会用单色印刷。

问:关于上海这个城市的摄影作品很多,您如何看待上海这个城市? 在作品中是怎么样体现的呢?

答:我并不特别追求某种特定的视觉表现。摄影与其他视觉艺术的不同之处在于它是对现实的引用。这是约翰·伯格的观点。我认为摄影作为一种媒介手段，有很多表达方面的潜质，但我希望尽可能忠实地引用上海。当然引用往往也是一种评价，关键是要在忠实于被引者和忠实于自我之间保持平衡。

问：如果将您的摄影作品和其他有关上海的街头摄影作品比较，您觉得不一样的地方在哪？

答：内容和形式上的差异不是我拍照的主要追求。职业摄影师或职业艺术家在这方面非常敏感，但我基本是用看待文献的角度看待照片。

问：《上街》一书的配文中经常提到生活中的隐喻，这与您之前的专业或人生经历是否存在某种联系？如果有，这些个人经验在作品创作时起到什么作用？

答：任何符号性的事物，不管是文字还是图像，都是一种隐喻。这本书中的文章和照片没有主次关系，它们在形态上的差异只是因为文字和照片本身是不同的介质，它们出现在这本书里是因为我觉得它们可以阐释类似的主题。它们都是个人经验——包括见闻、思想和知行——的呈现。

问：《上街》一书中有大量作品聚焦"距离"的探讨，不少作品呈现出以距离作为丈量亲密的尺度。在您眼中上海这个城市中的人与人、人与物的"距离"是怎样的？

答：距离既是物理事实，也有心理、法律和文化上的含义。这是我理解城市社会的主要角度之一。城市的密度也迫使人们必须时刻处理人与人之间和人与物之间的距离，这导致了人们复杂的心理感知和特殊的行为模式。不同规模的城市里，人们对距离的感知和反馈是不同的；更不要说城市和乡村了，城市和乡村的差异足以产生不同的文明形态。

问:您拍摄这些照片时一般是以什么样的状态进入的? 您自己对上海的认知与认同是什么样的维度?

答:我从来不掩饰拍照,如果被拍摄对象表示反对,甚至要求我删除照片,我都会照做。拍照是我和陌生人或半陌生半熟悉的人们互动的一种方式。我基本不关心器材,用得最多的是手机,因为方便。理解上海的维度太多,接下来我会做一些城市史方面的研究,这是一个维度。拍照是理解城市的一种方式,这种方式有其限度,因此也是在一个特定维度上展开的。衣食住行也是一种维度。日常生活在上海会随着城市空间的延展有明显不同。我不是上海人,我也感觉不到地域文化意义上的上海人的存在。尽管中国的城市化率不断提升,但真正的现代都市人群在中国人口中的占比很低,其中有很大一部分在上海。

问:如果用一个词(名词/形容词/动词皆可)来定义您的摄影作品和上海城市之间的关联,您觉得是什么?

答:照片有意思的地方往往是语言所不能及的地方。

问:在您眼中上海的现代性体现在什么地方? 街头摄影与上海现代性之间是什么样的关系?

答:上海的现代性主要体现为它作为全球海洋贸易的一个关键节点,而上海作为一个贸易港的潜力取决于它的地理位置。1843 年开埠后,上海很快就成为全球重要城市,新的生活方式也接踵而至,层出不穷的发明创造在上海得到应用,摄影术只是其中比较小的一项。

纯粹的现代事物极少,因为社会始终和传统保持着连接,才能维系稳定,实现积累。摄影作为一种现代媒介,保留了上海从传统社会向现代社会转型过程中的很多视觉文献。通过这些视觉文献,我们可以体会到上海现代转型的许多细节,这些细节最大的特点,是新旧、中西混杂。类似的视觉文献并不限于照片,绘画也很多,但照片作为一种历史文献,特点和优点非常明显。作为学者,照片是我理解和体会上海现代性的一种途径。

我本人的照片也许可以归为街头摄影。街头摄影的目标和手段都具有随机性。所以,只有现代城市这种陌生人社会里才会有街头摄影。熟人社会是不存在街头摄影的。

参考文献

中文著作

蔡耕:《茶熟香温二集》,上海三联书店,2010年。

蔡禾主编:《城市社会学:理论与视野》,中山大学出版社,2003年。

曹聚仁:《上海春秋(修订版)》,生活·读书·新知三联书店,2016年。

陈从周、蒋启霆选编:《园综·下》,同济大学出版社,2011年。

陈恒主编:《都市社会学》,上海人民出版社,2014年。

程绪珂、王泰主编:《上海园林志》,上海社会科学院出版社,2000年。

方俊编:《百年上海滩》,上海滩杂志社,2005年。

冯骥才编:《年画研究(2015秋)》,文化艺术出版社,2015年。

费孝通:《乡土中国 生育制度》,北京大学出版社,1998年。

高秀芹:《文学的中国城乡》,陕西人民教育出版社,2002年。

葛元熙等:《沪游杂记 淞南梦影录 沪游梦影》,上海古籍出版社,1989年。

古耜:《浴血的墨迹》,中国言实出版社,2015年。

顾铮:《城市表情——19世纪至21世纪的都市摄影》,万卷出版公司,2009年。

郭力昕:《阅读摄影:郭力昕摄影批评》,浙江摄影出版社,2014年。

海杰:《屏幕生存:2000年以来的中国当代摄影切面》,中国民族摄影艺术出版社,2016年。

韩凝玉、张哲:《传播学视阈下城市景观设计的传播管理》,东南大学出版社,2015年。

何志范编:《景区导游与旅游文化(英汉对照)》,上海交通大学出版社,
　　2012 年。

胡道静:《胡道静文集　序跋题记、学事杂忆》,上海人民出版社,2011 年。

黄滢、马勇、贾方编:《茶空间　上》,江苏人民出版社,2012 年。

黄正建:《走进日常唐代社会生活考论》,中西书局,2016 年。

姜利勇:《高层建筑文化特质创意设计》,国防工业出版社,2016 年。

蒋述卓、王斌、张康庄等:《城市的想象与呈现:城市文学的文化审视》,中国
　　社会科学出版社,2003 年。

黎熙元、黄晓星:《现代社区概论》,中山大学出版社,2017 年。

李动:《大上海　小弄堂》,文汇出版社,2003 年。

李孝悌编:《中国的城市生活》,北京大学出版社,2013 年。

林路:《摄影思想史(修订版)》,浙江摄影出版社,2015 年。

刘东编:《中国学术(第 3 辑)》,商务印书馆,2000 年。

刘然编:《名亭名桥》,蓝天出版社,1998 年。

刘善龄、刘文茵:《画说上海生活细节(清末卷)》,学林出版社,2017 年。

刘绍唐编:《民国人物小传(第 6 册)》,上海三联书店,2015 年。

卢桢:《新诗现代性透视》,百花文艺出版社,2016 年。

陆元敏:《上海人》,上海锦绣文章出版社,2007 年。

毛尖:《非常罪非常美:毛尖电影笔记》,广西师范大学出版社,2010 年。

梅花庵主:《申江时下胜景图说》卷上,上海江左书林(石印),1894 年,载《国
　　立北京大学中国民俗学会民俗丛书(第 4 辑第 78 卷)》(影印本),台北
　　东方文化书局,1970 年。

彭祖基:《昔日上海风情》,上海人民出版社,2011 年。

钱智:《城市形象设计》,安徽教育出版社,2002 年。

上海博物馆图书资料室编:《上海碑刻资料选辑》,上海人民出版社,1980 年。

上海市静安区文物史料馆编:《江宁路(戈登路)史料汇编》,上海社会科学院
　　出版社,2014 年。

上海市浦东新区管理委员会编:《上海市浦东新区手册》,上海远东出版社,

1993 年。

上海市社会科学界联合会编:《江河归海:多维视野下的上海城市文明》,上海人民出版社,2016 年。

上海市摄影家协会编:《顾铮摄影文论集》,上海文化出版社,2012 年。

上海图书馆编:《老上海地图(中英文本)》,上海画报出版社,2001 年。

上海图书馆中国文化名人手稿馆编:《2012 上海版画》,上海书画出版社,2012 年。

上海园林志编纂委员会:《上海园林志》,上海社会科学院出版社,2000 年。

沈寂、史齐编:《花园里的上海世界》,上海辞书出版社,2010 年。

舒国治:《理想的下午:关于旅行也关于晃荡(第 2 版)》,广西师范大学出版社,2013 年。

宋靖编:《形影不离:技术变革与影像拓展》,中国电影出版社,2015 年。

孙宝瑄:《忘山庐日记》,上海古籍出版社,1983 年。

孙斌栋编著:《我国特大城市交通发展的空间战略研究:以上海为例》,南京大学出版社,2009 年。

孙家振:《海上繁华梦　下》,百花洲文艺出版社,2011 年。

孙绍谊:《想象的城市:文学、电影和视觉上海(1927—1937)》,复旦大学出版社,2009 年。

孙玮编:《中国传播学评论》第 4 辑《传播媒介与社会空间特辑》,复旦大学出版社,2009 年。

孙卫国编:《南市区志》,上海社会科学院出版社,1997 年。

孙逊、杨剑龙编:《都市文化研究》第 2 辑《都市、帝国与先知》,上海三联书店,2006 年。

唐明生、李伦新编:《海派园林》,文汇出版社,2010 年。

唐振常编:《上海史》,上海人民出版社,1989 年。

汪民安、陈永国、马海良编:《城市文化读本》,北京大学出版社,2008 年。

王明德:《从黄河时代到运河时代:中国古都变迁研究》,巴蜀书社,2008 年。

王鹏飞编著:《文化地理学》,首都师范大学出版社,2012 年。

王新:《见与不见:读图时代的视觉教养》,新星出版社,2014年。

王寅:《刺破梦境》,古吴轩出版社,2005年。

吴趼人:《二十年目睹之怪现状》,上海古籍出版社,2005年。

夏佑至:《上街》,南京大学出版社,2019年。

熊月之:《千江集》,上海人民出版社,2011年。

薛理勇:《老上海城厢掌故》,上海书店出版社,2015年。

薛顺生、娄承浩编著:《上海老建筑》,同济大学出版社,2002年。

杨学军编:《世界自然与文化遗产　中国》,延边大学出版社,2006年。

乐峰:《陈从周传》,上海文化出版社,2009年。

张伟、严洁琼:《晚清都市的风情画卷:上海小校场年画从崛起到式微》,学林
　　出版社,2016年。

张燕翔:《新媒体艺术》,科学出版社,2011年。

张英进:《空间、时间与性别构形:中国现代文学与电影中的城市》,江苏人民
　　出版社,2007年。

张哲永编:《中国茶酒辞典》,湖南出版社,1991年。

赵毅衡编:《符号学文学论文集》,百花文艺出版社,2004年。

郑逸梅:《艺林旧事》,北方文艺出版社,2016年。

郑振铎:《郑振铎文集(第4卷)》,人民文学出版社,1985年。

郑祖安:《上海历史上的苏州河》,上海社会科学院出版社,2006年。

中国地理学会历史地理专业委员会、历史地理编辑委员会编:《历史地理(第
　　28辑)》,上海人民出版社,2013年。

周康梁:《英国那一套:带着好奇心探寻大不列颠》,南方日报出版社,
　　2018年。

周宪、陶东风编:《文化研究(第13辑)》,社会科学文献出版社,2013年。

周宪、陶东风编:《文化研究(第14辑)》,社会科学文献出版社,2013年。

周宪、陶东风编:《文化研究(第21辑)》,社会科学文献出版社,2015年。

周宪:《视觉文化的转向》,北京大学出版社,2008年。

朱家健编:《文艺家》,上海人民出版社,2012年。

朱剑芒编:《国民政府公文程式大观》第 5 编《公团文件》,世界书局,1931 年。

曾一果:《想象城市:改革开放 30 年来大众媒介"城市叙事"》,中国书籍出版
　　社,2011 年。

中文译作

〔爱尔兰〕格雷戈里·布拉肯:《上海里弄房》,孙娴等译,上海社会科学院出
　　版社,2015 年。

〔澳〕德波拉·史蒂文森:《城市与城市文化》,李东航译,北京大学出版社,
　　2015 年。

〔澳〕斯科特·麦奎尔:《媒体城市:媒体、建筑与都市空间》,邵文实译,江苏
　　教育出版社,2013 年。

〔波兰〕亚当·扎加耶夫斯基:《无止境:扎加耶夫斯基诗选》,李以亮译,花城
　　出版社,2015 年。

〔德〕本雅明:《巴黎,19 世纪的首都》,刘北成译,上海人民出版社,2006 年。

〔德〕哈贝马斯:《公共领域的结构转型》,曹卫东等译,学林出版社,1999 年。

〔德〕马克斯·韦伯:《非正当性的支配:城市的类型学》,康乐、简惠美译,广
　　西师范大学出版社,2005 年。

〔德〕马克斯·韦伯:《民族国家与经济政策》,甘阳等译,生活·读书·新知
　　三联书店,1997 年。

〔德〕齐奥尔格·西美尔:《时尚的哲学》,费勇等译,文化艺术出版社,
　　2001 年。

〔德〕齐奥尔格·齐美尔:《桥与门——齐美尔随笔集》,涯鸿、宇声等译,上海
　　三联书店,1991 年。

〔德〕瓦尔特·本雅明:《机器复制时代的艺术作品》,王才勇译,江苏人民出
　　版社,2006 年。

〔德〕瓦尔特·本雅明:《摄影小史》,许绮玲、林志明译,广西师范大学出版

社,2017 年。

〔德〕沃尔夫冈·希弗尔布施:《铁道之旅:19 世纪空间与时间的工业化》,金毅译,上海人民出版社,2018 年。

〔法〕居伊·德波:《景观社会》,王昭凤译,南京大学出版社,2006 年。

〔法〕米歇尔·德·塞托:《日常生活实践·1.实践的艺术》,方琳琳、黄春柳译,南京大学出版社,2009 年。

〔法〕米歇尔·福柯:《规训与惩罚　监狱的诞生》,刘北成、杨远婴译,生活·读书·新知三联书店,2003 年。

〔法〕让·鲍德里亚:《消费社会》,刘成富、全志钢译,南京大学出版社,2014 年。

〔加〕哈罗德·伊尼斯:《传播的偏向》,何道宽译,中国人民大学出版社,2003 年。

〔加〕马歇尔·麦克卢汉:《理解媒介:论人的延伸》,何道宽译,译林出版社,2013 年。

〔美〕戴维·哈维:《后现代的状况》,阎嘉译,商务印书馆,2003 年。

〔美〕丹尼尔·约瑟夫蒙蒂、〔美〕马克尔·伊恩·博雷尔、〔美〕林恩·C.麦格雷戈:《城市的人和地方:城市、市郊和城镇的社会学》,杨春丽译,江苏凤凰教育出版社,2017 年。

〔美〕段义孚:《空间与地方:经验的视角》,王志标译,中国人民大学出版社,2017 年。

〔美〕黄仁宇:《明代的漕运》,张皓等译,新星出版社,2005 年。

〔美〕吉尔伯特·罗兹曼编:《中国的现代化》,国家社会科学基金"比较现代化"课题组译,江苏人民出版社,2003 年。

〔美〕凯文·林奇:《城市的印象》,项秉仁译,中国建筑工业出版社,1990 年。

〔美〕凯文·林奇:《城市意象》,方益萍、何晓军译,华夏出版社,2001 年。

〔美〕李欧梵:《苍凉与世故》,人民文学出版社,2010 年。

〔美〕李欧梵:《上海摩登——一种新都市文化在中国》,毛尖译,北京大学出版社,2001 年。

〔美〕理查德·桑内特:《肉体与石头:西方文明中的身体与城市》,黄煜文译,上海译文出版社,2006年。

〔美〕刘易斯·芒福德:《城市文化》,宋俊岭等译,中国建筑工业出版社,2009年。

〔美〕马森:《西方的中华帝国观》,杨德山译,时事出版社,1999年。

〔美〕明恩溥:《中国乡村生活》,陈午晴、唐军译,中华书局,2006年。

〔美〕帕克、〔美〕麦肯齐:《城市社会学:芝加哥学派城市研究文集》,宋俊岭、吴建华、王登斌译,华夏出版社,1987年。

〔美〕苏珊·桑塔格:《论摄影》,艾红华、毛建雄译,湖南美术出版社,1999年。

〔美〕苏珊·桑塔格:《重点所在》,陶洁、黄灿然译,上海译文出版社,2004年。

〔美〕唐·伊德:《让事物"说话":后现象学与技术科学》,韩连庆译,北京大学出版社,2008年。

〔美〕温尼·海德·米奈:《艺术史的历史》,李建群等译,上海人民出版社,2007年。

〔美〕叶凯蒂:《上海·爱:名妓、知识分子和娱乐文化(1850—1910)》,杨可译,生活·读书·新知三联书店,2012年。

〔日〕村松梢风:《魔都》,徐静波译,上海人民出版社,2018。

〔日〕刘建辉:《魔都上海:日本知识人的"近代"体验》,甘慧杰译,上海古籍出版社,2003年。

〔日〕佐藤卓己:《现代传媒史》,诸葛蔚东译,北京大学出版社,2004年。

〔瑞士〕希格弗莱德·吉迪恩:《空间·时间·建筑:一个新传统的成长》,王锦堂、孙全文译,华中科技大学出版社,2014年。

〔匈〕阿格妮丝·赫勒:《日常生活》,衣俊卿译,重庆出版社,1990年。

〔英〕阿绮波德·立德:《穿蓝色长袍的国度》,刘云浩、王成东译,中华书局,2006年。

〔英〕雷蒙德·威廉斯:《现代主义的政治:反对新国教派》,阎嘉译,商务印书馆,2002年。

〔英〕雷蒙·威廉斯:《乡村与城市》,韩子满、刘戈、徐珊珊译,商务印书馆,2013年。

〔英〕麦克法兰等:《上海租界及老城厢素描》,王健译,生活·读书·新知三联书店,2017年。

〔英〕斯图尔特·霍尔:《表征:文化表象与意指实践》,徐亮、陆兴华译,商务印书馆,2003 年。

学术论文

蔡可群:"全景画的兴衰复苏与历史价值",《解放军艺术学院学报》,2004 年第 2 期。

陈世灯、徐刘杰:"全景宣传片的叙事伦理分析及叙事策略研究",《影视制作》,2018 年第 10 期。

甘霖:"中国都市摄影的现代性解读",《艺海》,2009 年第 1 期。

葛涛:"照相与清末民初上海社会生活",《史林》,2003 年第 4 期。

葛文、熊自明、郭建忠:"虚拟地形环境中的空间认知问题初探",《测绘与空间地理信息》,2008 年第 4 期。

顾铮:"《盲妇》的意义——现代摄影的确立",《中国摄影》,1998 年第 2 期。

顾铮:"面向城市:当代中国的都市摄影实践",《文艺研究》,2003 年第 4 期。

顾铮:"在现实与想象之间:中国城市化进程的视觉表述",《社会科学》,2004 年第 8 期。

韩丛耀:"图像符号的特征及其意义解构",《江海学刊》,2011 年第 5 期。

何国平:"城市形象传播:框架与策略",《现代传播》,2010 年第 8 期。

胡姗姗、乃敏:"四点透视:全景画透视与架上绘画差异性特征及应用",《美苑》,2013 年第 2 期。

李景超:"全景摄影及四方环视全景摄影",《电子出版》,2001 年第 3 期。

林路:"大师结构主义摄影谈",《走向世界》,2014 年第 5 期。

马俊亚:"集团利益与国运衰变——明清漕粮河运及其社会生态后果",《南京大学学报(哲学·人文科学·社会科学)》,2008 年第 2 期。

孙善春:"当代中国摄影与城市变迁",《建筑与文化》,2011 年第 1 期。

陶鲭宇等:"Web 地理空间 360°全景技术研究",《科技创新与应用》,2019 年第 1 期。

汪民安:"如何体验城市?——《城市文化研究读本·序言》",《国外理论动态》,2008 年第 1 期。

王仁礼:"史诗讴歌改革巨变　图文激荡心潮澎湃:解放日报《世纪之版》策划早创意新收效好",《新闻大学》,2001 年第 1 期。

吴亮:"上海·内面的都市",《东方艺术》,2002 年第 1 期。

熊月之:"乡村里的都市与都市里的乡村——论近代上海民众文化特点",《史林》,2006 年第 2 期。

严洁琼:"小校场年画中的清末海上娱乐画卷",《苏州工艺美术职业技术学院学报》,2018 年第 1 期。

杨旭明:"城市形象研究:路径、理论及其动向",《西南民族大学学报(人文社会科学版)》,2013 年第 3 期。

张彬:"人—人工制品—世界关系研究述评——基于技术现象学的视角",《长沙理工大学学报(社会科学版)》,2015 年第 4 期。

赵川:"一张脸,一条河",《读书》,2007 年第 1 期。

赵毅衡:"主体'部件出租':论作品中艺术家主体性的表现方式",《思想战线》,2019 年第 5 期。

郑耀东:"欧洲早期的全景画艺术研究",《美术教育研究》,2018 年第 18 期。

钟正、陈卫东、周东波:"基于全景视频的空间认知效果实验研究",《电化教育研究》,2018 年第 12 期。

周诗岩:"框错觉:影像传媒时代的空间多义性研究",《郑州大学学报(哲学社会科学版)》,2008 年第 3 期。

报纸杂志文章

碧:"上海新年之现象:游花园",《图画日报》,1910 年第 182 期。

璧:"上海之建筑:萃秀堂",《图画日报》,1909 年第 59 期。

璧、孙兰荪："上海之建筑（五）内园"，《图画日报》，1910 年第 5 期。

璧："邑庙之湖心亭"，《图画日报》，1909 年第 7 期。

伯时："游湖杂咏：湖心亭"，《东方小说》，1923 年第 1 卷第 1 期。

"布告邑庙豫园内地方公益税及摊捐一并归委员会征收充园内公用文"，《上海市公报》，1925 年第 12 期。

"抵杭州有作·湖心亭"，《南社湘集》，1937 年第 8 期。

"函复豫园委员会酒馆公所五处贴费自当照数划拨以重路工文"，《上海市公报》，1926 年第 24 期。

"函淞沪警厅整理豫园委员会之枪械六支系本所巡查队内拨用请查照发还文"，《上海市公报》，1926 年第 22 期。

弘农："湖心亭内速记：某小开挥金如土花　群芳大交花运"，《阿要窝心》，1927 年 5 月 13 日。

胡叙五："内园题咏集·内园两律"，《钱业月报》，1936 年第 16 卷第 3 期。

"湖心亭上储款以待　为何爽约不到？"，《时报》，1928 年 6 月 27 日。

"湖心亭上接洽巨款　同乡人吓诈候再调查同党"，《时报》，1928 年 6 月 7 日。

黄组方："邑庙豫园商店营业种类及统计"，《中华职业学校职业市月刊》，1927 年第 10 期。

葭庵主人："豫园名胜"，《乐闻》，1935 年第 1 卷第 5 期。

李世芳、薛志英："城隍庙的写生"，《现象》，1935 年第 12 期。

李钟珏："函上海县公署邑庙豫园委员会经常费不敷请移拨庙园房捐文"，《上海市公报》，1926 年第 16 期。

李钟珏："函上海县知事邑庙豫园委员会成立选募巡丁分段管理一切事宜请出示布告文"，《上海市公报》，1925 年第 11 期。

李钟珏："函致警察厅邑庙豫园委员会成立选募巡丁分段管理请饬区协助文"，《上海市公报》，1925 年第 10 期。

廉逊："亦社赏菊雅集豫园即事"，《亦社》，1921 年第 4 卷第 1 期。

灵芝："忆邑庙湖心亭"，《中国商报》，1941 年 7 月 30 日。

漫郎："湖心亭里·茶香扑鼻",《力报》,1948 年 9 月 14 日。

潘毅华："构造上海豫园之先祖",《礼拜六》,1921 年第 102 期。

"批邑庙豫园商业联合会等呈为豫园卫生不良交通阻塞吁请切实整理文",
　　《上海市公报》,1925 年第 10 期。

青："上海之建筑(五十一):西园",《图画日报》,1909 年第 51 期。

全祖望："续甬上耆旧诗集卷四:过湖心亭",《国粹丛编》,1907 年第 1 卷第 2 期。

"上海特别市公安、社会、工务、财政、卫生五局管理邑庙豫园设摊暂行规
　　则",《上海特别市市政府市政公报》,1929 年第 34 期。

"上海特别市市政府指令第五二四号:令财政局:呈为呈请令饬整理邑庙豫
　　园委员会交还市政管理权由",《上海特别市市政府市政公报》,1928 年
　　第 6 期。

"上海通",《文物周刊》,1948 年第 230 号。

"上海邑庙后花园九曲桥湖心亭图",《画图新报》,1905 年第 26 卷第 5 期。

邵珍、陈羽："北外滩 6 台大戏紧锣密鼓",《文汇报》,2003 年 7 月 4 日。

廷老："湖心亭的茶客潘老丈",《快活林》,1946 年第 40 期。

西门咸："湖心亭吃茶之风味",《时事新报晚刊》,1948 年 1 月 11 日。

徐碧波："湖心亭早茶记",《联益之友》,1927 年第 37 期。

"雅集名蕙",《点石斋画报》,1884 年第 2 期。

臙脂："邑庙豫园小志",《大亚画报》,1933 年第 361 期。

严直南："豫园雅集序",《日新杂志》,1918 年第 3 期。

"豫园内之书画会",《新闻报》,1922 年 12 月 30 日。

"豫园赏菊",《点石斋画报》,1891 年第 37 期。

"豫园书画会扇展开幕",《新闻报》,1935 年 6 月 15 日。

"豫园书画会之报告",《新闻报》,1913 年 3 月 24 日。

"豫园书画善会廿周纪念",《新闻报》,1928 年 8 月 13 日,第 15 版。

张若谷："上海的湖心亭面面观",《良友》,1936 年 8 月号第 119 期。

蛰公："上海湖心亭瀹茗感赋",《江苏省立第二女子师范学校校友会汇刊》,
　　1920 年第 10 期。

芝:"大陆之景物 四十六:杭州湖心亭",《图画日报》,1909 年第 46 期。

竹庵:"诗:豫园茶楼看菊次南湖外史伯润杨君原韵",《上海》,1915 年第 1 卷
第 1 期。

庄毅:"内园题咏集·内园即景",《钱业月报》,1936 年第 16 卷第 3 期。

走:"上海之建筑(八):外大桥公园",《图画日报》,1909 年第 8 期。

醉:"邑庙豫园大火记",《会报》,1928 年第 33 期。

档案文献

"静静的苏州河",《辛报战情画刊》(创刊号),1937 年 10 月 10 日。上海档案
馆,档案号:D2-0-2479-11。

金仲华:"苏州河岸的新阵线",《抵抗》,第 23 期,1937 年 11 月 3 日。上海档
案馆,档案号:D2-0-620-1。

希生:"黄河流域革命怒潮之飞涨与陕西青年运动",《共进》,第 99 期,1926
年 1 月 23 日。上海档案馆,档案号:D2-0-1867-11。

章乃器:"怒吼吧,长江流域的大众",《永生》,第 1 卷第 10 期,1936 年 5 月 9
日。上海档案馆,档案号:D2-0-632-9。

网络文献

曹颖:"姚瑶:街道是看不厌的风景",色影无忌·她影像,2017 年 8 月 8 日,
http://she.xitek.com/allpage/interview/201708/08-230028.html。

葛红兵:"都市:中国文明的他者——中国文学中的都市书写问题",2009 年 9
月 7 日,http://gehb.blogchina.com/801455.html。

华燕:"凝视时间"("寄存处"姚瑶摄影作品展·序言),"寄存处 dePot"微信

公众号,2017 年 9 月 4 日。

李宝花:"达人:追拍上海城市色彩二十余年,这位摄影达人镜头里的魔都美
　　到令人惊叹",上观新闻,2018 年 10 月 25 日,https://www. shobserver.
　　com/news/detail? id=112328。

"美国传播学马克·库珀教授谈媒体融合发展新趋势",新华网,2015 年 3 月
　　23 日,http://news. xinhuanet. com/zgjx/2015-03/23/c_134089309. htm。

"美摄影师用时间切片展现城市日夜变幻之美",人民网,2015 年 12 月 9 日,
　　http://world. people. com. cn/n/2015/1209/c1002-27904823. html。

"摄影师高处拍上海:张张科幻大片",新浪网,2016 年 4 月 28 日,http://sh.
　　sina. com. cn/news/b/2016-04-28/detail-ifxrtzte9736769-p2. shtml。

"数字'技术控'杨泳梁:需要用绘画来'发泄'",雅昌新闻,2017 年 3 月 6
　　日,https://news. artron. net/20170306/n913079. html。

王莫之:"杨泳梁:好的艺术是一种唤醒",周末画报公众号,2015 年 3 月
　　10 日。

吴洁瑾:"上海闹市区终于有了摩天轮能否成'爱情地标'有待考验",《东方
　　早报》,2015 年 3 月 27 日,http://money. 163. com/15/0327/10/
　　ALN45IH800253B0H. html。

"艺术家杨泳梁:传统中国画的意境和我们的生活是反的",界面新闻,2018 年
　　9 月 7 日,https://baijiahao. baidu. com/s? id=1610926146622528336&wfr=
　　spider&for=pc。

"这个老外镜头下的水墨中国,美得让人窒息","视觉志"公众号,2015 年 12
　　月 11 日。

朱一南:"变异山水,都市生活的一声叹息",澎湃网,2018 年 11 月 6 日,
　　https://www. thepaper. cn/newsDetail_forward_2589492。

"2017 震惊世界的上海最高十大高楼排行榜",搜狐网,2017 年 10 月 10 日,
　　http://www. sohu. com/a/197189177_216652。

"632 米,在中国第一高楼顶,看看脚下的城市",澎湃新闻,2015 年 1 月 15
　　日,http://h5. thepaper. cn/html/pano/2015/01/shzx/index. html。

"90 后华裔女生在上海拍下 3 万张照片,张张魔幻! 外国网友惊呼:从没见过这样的上海!",搜狐网,2020 年 9 月 13 日,https://www.sohu.com/a/418018932_753570。

英文文献

Charles S. Peirce, *Philosophical Writings of Peirce*, Justus Buchler（ed.）, London：Routledge & Kegan Paul, 1956.

Gaston Bachelard, *The Poetics of Space*, Boston：Beacon Press, 1994.

Gerald Suttles, "The Cumulative Texture of Local Urban Culture", *American Journal of Sociology*, 1984, 90(2).

Guy Debord, *The Society of the Spectacle*, Donald Nicholson Smith（trans.）, New York：Zone Books, 1995.

Henri Lefebvre, *The Survival of Capitalism*, London：Allison & Busby, 1976.

Jonathan E. Schroeder, "Consuming Representation：A Visual Approach to Consumer Research", in Barbara B. Stern（eds.）, *Representing Consumers： Voices, Views and Visions*, London：Routledge, 1998.

Joyce Carol Oates, *Imaginary City：America, Literature and the Urban Experience*, New Jersey：Rutgers University Press, 1981.

J. P. Guilford, B. Fruchter, W. S. Zimmerman, "The Description of Spatial-Visualization Abilities", *Educational & Psychological measurement*, 1957, 17(2).

Julian Ralph, "House-Boating in China", *Harper's New Monthly Magazine*, 1895, 91(541).

Italo Calvino, *Invisible Cities*, W. Weaver（trans.）, San Diego, CA：Houghton Mifflin Harcourt, 1987.

Max Weber, *The City*, Don Martindale and Gertrud Neuwirth（trans.）, New

York:The Free Press, 1958.

Pamela Yatsko, *New Shanghai: The Rocky Rebirth of China's Legendary City*, Singapore: John Wiley and Sons (Asia), 2001.

Ronald G. Knapp, *China's Old Dwelling's*, Honolulu: University of Hawaii Press, 2000.

Sam Bass Warner, " Slums and Skyscrapers: Urban Images, Symbols and Ideology", in Lloyd Rodwin & Robert M. Hollister (eds.), *Cities of the Mind: Images and Themes of the City in the Social Sciences*, New York: Plenum Press, 1984.

Samuel Y. Liang, *Mapping Modernity in Shanghai: Space, Gender and Visual Culture in the Sojourners' City 1853-1898*, Abingdon: Routledge, 2008.

Tim Cresswell, *Place: A Short Introduction*, Oxford: Blackwell Publishing, 2004.

Walter Benjamin "A Short History of Photography", in Alan Trachtenberg, Amy R. W. Meyers (eds.), *Classic Essays on Photography*, New Haven, Conn. : Leete's Island Books, 1980.

后　记

书稿修改完成后,迟迟没有勇气提笔写后记。后记总"催"人去回想写作的经过,以及这些年治学的经历,不免让人有种"为赋新词强说愁"的惆怅。

这是我的第二本专著,距离第一本专著出版已将近五载了。论及学术研究的系统性,这其中既有延续也有断裂。第一本专著《"真相"的正·反·合:民初视觉文化研究》是以"视觉现代性"为切入口展开对民国初年视觉文化的研究。彼时"全情投入"对视觉性、现代性这些议题的阅读和思考,对"视觉现代性"有基于研究对象的系统阐述。但"现代性"的议题就我个人而言,越探索越觉不足,越探索越觉广阔,我时常觉得"现代性"宛若浩瀚的星辰,我的研究只看到了星光点点,却看不到尽头,也看得不够清晰。这些年的治学,经历了从学生时期的天马行空到任教后的知止而行的转变,少了几分锐气,多了几分和气。我不再纠结是否能全面把握"现代性"这个抽象而又充满诱惑的词,倘若能寻觅到不一样的星光,我亦满心欢喜。

立足于经验去理解现代性,"现代性"的面相会变得清晰一点。本书试图从"自然性-现代性""地方性-现代性""国际性-现代性""个体性-现代性"这四重关系建立起关于摄影与上海现代性的思考。这番"现代性"探讨的维度是我此前研究未曾触碰的,因此研究中仍会有发现"星光"的兴奋。从那些看似与"现代性"对立或矛盾的一面去着手,

"现代性"在我面前变得更立体。理论帮我打开学术的视域,而经验材料的丰富性足以拓宽我的视界。

回向历史去找寻现代性,现代性变得悠长而熟悉。或许因为我学术研究的起点是民国视觉文化,所以我在思考和研究某些问题时会偏向于拉长它的时间轴。当转换思考问题的时间点和立足点,结论就会不一样。到底是"我们从未现代过",还是现代早已发生甚至过时。这与思考问题的起点和角度有关。在我的研究中,民国视觉文化的现代性已令我痴迷惊叹,所以我更倾向在更长的时间轴里去寻觅现代性的"星光",这一思路在本书前两章可见端倪。关于研究的历史意识,这一点要感谢我的恩师顾铮教授对我的点拨,我尤其记得他说,那些看似过时的"旧物"正是彼时的新媒介。当我以历史意识去面对当下的现象,会有茅塞顿开之感。

本书的名字一方面是提领全书内容并回应对"现代性"的理解,正如卡林内斯库所言,"依我们看待它的角度和方式,现代性可以有许多面孔,也可以只有一副面孔,或者一副面孔都没有"。当西方概念与本土经验事实相碰撞之时,中国的视觉经验和视觉实践的现代性究竟是怎样的,中国的现代性有几副面孔,我依然乐观地认为有无穷可探讨和挖掘的空间。书名另一方面是为了致敬恩师。我的导师顾铮教授著有《现代性的第六张面孔:当代视觉文化研究》,这本书对我最初进入视觉文化研究领域起到启蒙作用,当然更重要的是曾经在顾老师膝下求学的七年里,他的研究、教诲、指导和提携都给了我继续在这个领域不断耕耘的源源不断的力量。

本书相较于第一本专著的通透性,还有诸多值得继续开拓的空间,尤其是涉及现当代都市摄影的部分,在个案研究上仍显力有不逮。当然这本书也正好成为自己全面审视学术研究阶段性的一个契机,同时也鼓励自己须坚持学术入门时的初心,用"三更灯火五更鸡"的勤勉去治学,用"一片冰心在玉壶"的心境去做研究。

本书是我从学生身份转变为教师身份的这几年间陆陆续续思考和写作的结果。有部分内容在复旦大学信息与传播研究中心的会议上和读书会上宣读讨论,感谢黄旦老师、孙玮老师以及共同体成员所提出的宝贵意见。有部分内容已发表,感谢林凌老师、李华强老师对文章的肯定和建议。有部分内容因持续搜集资料处于不断完善中,这其中要感谢汪伟老师和姚瑶老师在百忙之中接受采访并为本书提供图片支持,感谢授权本书使用其作品的陆元敏老师、杨泳梁老师。同时要感谢我的学生殷玥、李翊菲在第三、四章资料搜集整理中的辛勤付出。感谢詹志山在图像处理上给予的帮助。

本书付梓前夕,正值我在弗吉尼亚大学东亚系访学,二稿修订之时恰好在旁听罗福林(Charles A. Laughlin)教授开设的"现代中国文学与电影研究"(Modern Chinese Literature and Film)课程。罗福林教授对中国现代性议题的长期研究给了我诸多启发,与他展开的学术探讨和交流又拓展了我对中国现代性议题的思考维度,感谢罗教授的孜孜教导。

本书的撰写过程,伴随并见证了我在华东政法大学传播学院的成长,感谢王栩叶书记、范玉吉院长以及学院所有老师对我的支持和帮助。

能顺利完成并出版此书,要感谢上海市哲学社会科学基金的支持,感谢华东政法大学出版基金的资助。

最后,我要感谢我的父母,感谢他们的默默付出。因为他们的支持,我才能坚定地在我热爱的学术之路上不断前行。

陈阳于云间小筑 & 夏村

初稿于 2021 年 8 月 11 日

修改于 2022 年 2 月 17 日

图书在版编目 (CIP) 数据

上海的"四张脸孔"：都市形象的现代性之维 / 陈
阳著 . — 北京：商务印书馆，2022
（棠树文丛）
ISBN 978-7-100-20902-1

Ⅰ . ①上… Ⅱ . ①陈… Ⅲ . ①城市—形象—研究—上
海 Ⅳ . ① F299.275.1

中国版本图书馆 CIP 数据核字（2022）第 045867 号

棠树文丛
上海的"四张脸孔"
都市形象的现代性之维
陈阳　著

商 务 印 书 馆 出 版
（北京王府井大街 36 号　邮政编码 100710）
商 务 印 书 馆 发 行
南 京 新 洲 印 刷 有 限 公 司 印 刷
ISBN　978-7-100-20902-1

2022 年 6 月第 1 版　　开本　880×1240　1/32
2022 年 6 月第 1 次印刷　　印张　8

定价：48.00 元